세상을 보여주는 똑똑한 세계 지도

세상을 보여주는 **똑똑한 세계지도**

1판 1쇄 발행일 2011년 11월 15일
1판 4쇄 발행일 2015년 5월 11일
1판 4쇄 발행부수 1,000부 | 총 5,000부 발행

글쓴이 | 김재일
사진제공 | 시몽에이전시
다듬은이 | 장종진

펴낸곳 | (주)도서출판 북멘토
펴낸이 | 김태완
편집장 | 김혜선
마케팅 | 이용구

북디자인 | 구화정 page9
지도그림 | 김지희 page9
일러스트 | 한은옥

출판등록 제6-800호(2006. 6. 13)
주소 | 121-869 서울시 마포구 월드컵북로 6길 69(연남동 567-11), IK빌딩 3층
전화 | 02-332-4885
팩스 | 02-332-4875

ⓒ 김재일, 2011

※ 잘못된 책은 바꾸어 드립니다.
※ 이 책은 저작권법에 따라 보호를 받는 저작물이므로 무단 전재와 무단 복제를 금합니다.
　　이 책의 전부 또는 일부를 쓰려면 반드시 저작권자와 출판사의 허락을 받아야 합니다.
※ 책값은 뒤표지에 있습니다.

ISBN 978-89-6319-032-7 73980

세상을 보여주는 똑똑한 세계지도

김재일 지음

북멘토

01 세계지도는 어떻게 만들어졌을까?

- 세계지도의 역사 ─ 010
- 지도 위에 세계를 나타내는 방법 ─ 020
- 세계지도에 정답은 없다? ─ 027

알고 보면 더 재미있는 지도 이야기
지도는 종이에만 그렸을까? ─ 034

02 세계지도 속 숨은 나라 찾기

- 나라의 위치는 어떻게 나타내지? ─ 038
- 우리나라 옆에는 어떤 나라가 있을까? ─ 045
- 세계의 여러 나라 ─ 050

알고 보면 더 재미있는 지도 이야기
이름에 색깔이 들어가는 바다 ─ 058

 인구로 본 세계, 세계지도

- 사람이 많이 모여 사는 곳 —— 062
- 사람들은 도시에만 사나요? —— 077

알고 보면 더 재미있는 지도 이야기
서기 1년과 2300년의 인구는? —— 086

 세계지도로 보는 세계의 자연환경

- 사람에게 영향을 끼치는 기후와 환경 —— 089
- 화산·지진·태풍 —— 102

알고 보면 더 재미있는 지도 이야기
강이야, 바다야? —— 110

 세계지도로 보는 지구촌 사람들의 생활 모습

- 가까운 나라, 먼 나라 —— 114
- 날짜변경선의 비밀 —— 121
- 지구상에 충분한 식량은 있는가? —— 126

알고 보면 더 재미있는 지도 이야기
적도, 남·북회귀선과 커피 —— 134

 세상을 보여주는 똑똑한 세계지도 교과 연계표 —— 136
세계 각 나라의 수도 이름과 국기 —— 138

머리말

　초등학생들에게 세계지도는 참 어렵고 막연하며 복잡한 그림과도 같습니다. 비단 초등학생이 아니더라도 많은 사람들에게 세계지도는 그런 존재인 것 같습니다. 5대양 6대주는 외워야 할 대상으로 보이고, 지도에 그어진 수많은 선들은 무엇을 의미하며, 내가 이 그림을 왜 봐야 하는지조차도 아리송하게 만드는 세계지도! 하지만 세계지도는 사람들이 살고 있는 세상의 모습을 담고 있는 신비로운 그림이기도 합니다.

　교과서에서는 세상을 담고 있는 지도의 원래의 특성을 이해하기보다는 지도 자체에 대한 학습에 치중하다 보니 여러분들이 세계지도에 대해 재미있고 유익하게 접근할 수 있는 기회를 마련해 주지 못하고 있습니다. 이런 현상은 학교 현장에서 수업을 담당하고 있는 선생님들 또한 마찬가지로 느끼고 있답니다. 세계지도라 하면 먼저 지도를 생각하게 되고, 지도를 떠올리면 축척과 방위, 기호 등의 지도 요소를 어떻게 가르칠 것인가에 대한 고민이 앞서기 때문이지요. 하지만 여러분들은 이 책에 나오는 여러 가지 세계지도를 통해 지도에 대해 느끼던 막연함과 어려움보다는 재미와 유익함을 경험하게 될 것입니다. 또한 이 책에는 지도를 통해 세상을 바라보고, 그 세상에 살고 있는 사람들의 모습을 이야기하면 얼마나 좋을까 하는 생각이 듬뿍 담겨 있답니다.

지도는 우리 삶과 동떨어진 특별한 것이 아닙니다. 수업 시간에 축척과 방위를 구하기 위해 이용되는 수단도 아닙니다. 지도는 우리가 생활하고 있는 공간을 담고 있습니다. 그러므로 지도를 통해 그 공간을 살펴보면 그 속에서 사람들이 어떻게 살아가고 있는지를 간접적으로 볼 수 있게 됩니다. 즉 우리 삶의 공간을 이해하는 데 지도는 꼭 필요한 것이지요. 지도를 배우기보다는 지도를 통해 배우는 것입니다. 세상을 보여주는 지도! 이런 이유 때문에 지도는 똑똑한 것이 아닐까요? 이 책에 실은 세계지도는 얼마나 많은 사람들이 살고 있는지, 사람들은 어디에 모여 살고 있는지, 비는 얼마나 내리고 물이 귀한 사막은 어디에 위치하고 있는지 등 지구촌 곳곳의 상황을 쉽게 이해하도록 도움을 줄 것입니다. 그래서 이 책의 제목은 "세상을 보여주는 똑똑한 세계지도"랍니다. 여러분! 이 책에 어떤 내용들이 담겨 있는지 궁금하지 않나요? 이제 세계지도는 어렵고 복잡하게만 보이던 골칫덩이가 아니라, 여러분이 방 안에서 편안하게 세상 구경을 할 수 있도록 도움을 주는 똑똑한 친구랍니다. 그럼 지금부터 다양한 세계지도를 보며 세상 구경을 할까요?

2011년 10월

김재일

01. 세계지도는 어떻게 만들어졌을까?

01 세계지도는 어떻게 만들어졌을까?

세계지도의 역사

지구는 어떤 모습일까요?

여러분! 우리 인간이 살고 있는 지구의 모습은 어떤가요? 어떤 모양이고 얼마나 크며, 어떻게 움직이고 있나요? 그래도 지구가 둥글다는 사실쯤은 알고 있을 것입니다. 하지만 아주 옛날 사람들은 배를 타고 바다 저 멀리 가면, 그만 낭떠러지로 '뚝' 떨어진다고 믿었습니다. 자기가 사는 곳의 반대편에 어떤 세상이 펼쳐져 있는지 알 수 없으니 그렇게 믿을 수밖에 없었을 것입니다. 하지만 요즘 그렇게 생각하는 사람은 없겠죠? 다음 쪽에 나오는 그림은 인공 위성에서 찍은 지구 사진이에요. 정말 둥글지요? 하지만 이걸로는 세계 전체를 한눈에 볼 수가 없겠죠? 지구본을 빙빙 돌리면서 보면 모든 나라를 다 볼 수 있겠지만 한눈에는 볼 수 없잖아요? 그리고 갖고 다니기도 불편하잖아요? 그럼 어떻게 하면 좋을까요? 이런 문제를 해

▲ 옛날 사람들이 생각한 세계의 끝

▲ 둥근 지구의 모습

결하기 위해 둥근 지구를 평평한 종이에 펼쳐서 나타낸 것이 바로 세계지도랍니다. 하지만 처음부터 지금의 모습과 같은 세계지도가 있었던 것은 아닙니다. 왜냐하면 전 세계를 탐험한 뒤에 정확한 측량*을 통해서 지도를 그린 것이 아니기 때문입니다. 또 옛날에는 요즘처럼 위성에서 지구 전체의 모습을 볼 수도 없었기 때문이죠.

나라마다 시대마다 달랐던 지구의 모습

그럼 여기서 오래전 세계지도를 하나 살펴볼까요. 정말 엉뚱하면서도 재미있는 모습을 볼 수 있을 것입니다.

다음 쪽에 나오는 그림은 고대 **에라토스테네스의 세계지도**를 나타낸 것입니다. 현재는 전해지지 않아 19세기에 다시 복원한 것인데, 지구는 육지가 하나의 바다에 둘러싸여 있는 구형이라고 당시 사람들은 생각했습니다. 특히 에라토스테네스는 지구를 완전한 구라고 가정하고 지구의 둘레*를 계산했는데, 그 수치가 최근에 과학적으로 측정한 것과 15% 정도밖에 차이가 나지 않는다고 합니다. 정말 놀랍죠? 물론 지중해, 페르시아 만, 그리고 장화 모양의 이탈리아까지 현재의 모습과 비슷한 부분이 있는가 하면, 아시아와 유럽 외에 다른 대륙은 전혀 나타나지 않아요. 그리고 아시아에는 인도와 아라비아 지역밖에 없네요. 지구 전체를 탐험하는 일이 불가능했으니 직접 눈으로 확인한 지역만 나타낼 수밖에 없었겠지요. 하지만 고대에 세계의 모습을 이 정도로 그릴 수 있다는 건 정말

측량
도구를 사용하여 위치, 거리, 땅의 높낮이, 면적 등을 재는 일

지구의 둘레
에라토스테네스가 이집트의 알렉산드리아와 시에네에서 측정한 지구의 둘레를 요즘 단위로 환산하면 46,620km이다. 최근 측정한 값은 남북극 방향으로 40,007.86km, 적도 둘레는 40,057.017km이다.

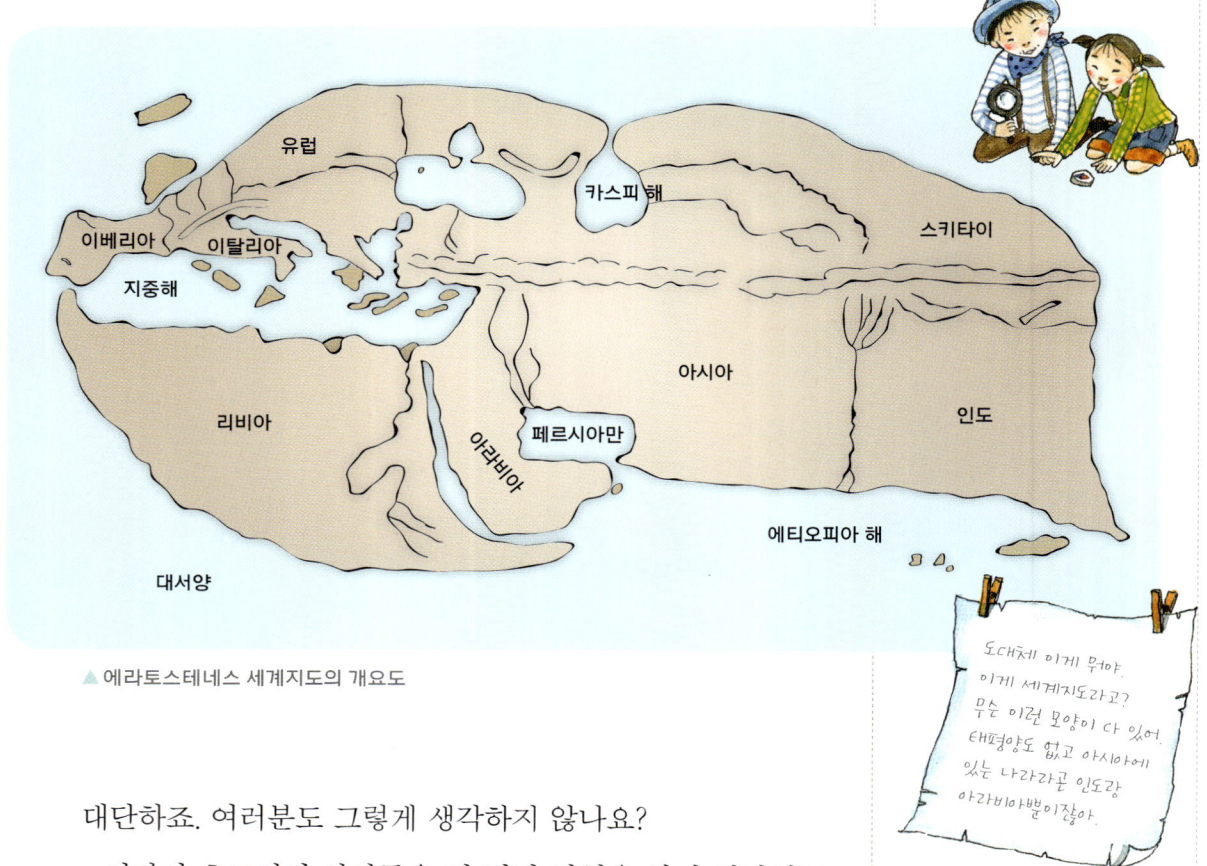

▲ 에라토스테네스 세계지도의 개요도

대단하죠. 여러분도 그렇게 생각하지 않나요?

시간이 흐르면서 사람들은 더 멀리 탐험을 하기 시작했고, 점점 더 지구 전체의 모습을 보기 시작했죠. 그리고 지도를 만드는 기술까지 발달하면서 차츰 실제 모습에 가까운 세계지도를 만들기 시작했습니다. 그럼 그동안 어떤 세계지도들이 만들어져 왔는지 한번 살펴볼까요? 세계 곳곳에서 모양도 제각각이고 세계의 범위도 조금씩 다른 다양한 지도들이 제작되었답니다.

오른쪽 그림은 13세기경에 제작된 것으로 전해지는 **헤리퍼드**(Hereford) **세계지도**입니다. 지도의 크기는 높이가 158cm, 폭이 133cm 정도라고 합니다. '헤리퍼드*'라는 이름은 영국의 헤리퍼드 대성당에 이 세계지도가 전래되어 온 데서 붙은 것

헤리퍼드
영국 잉글랜드에 있는 도시이며, 웨일즈에서 39km 떨어져 있다.

> 헤리퍼드 세계지도라고?
> 혹시 해리포터가 신기한 마법을 부려서 만든 지도가 아닐까? 하하하. 하지만 해리포터가 만들었다면 전 세계를 모두 돌아다닐 수 있었을 테니 지도의 모습이 조금 달랐을 거야.

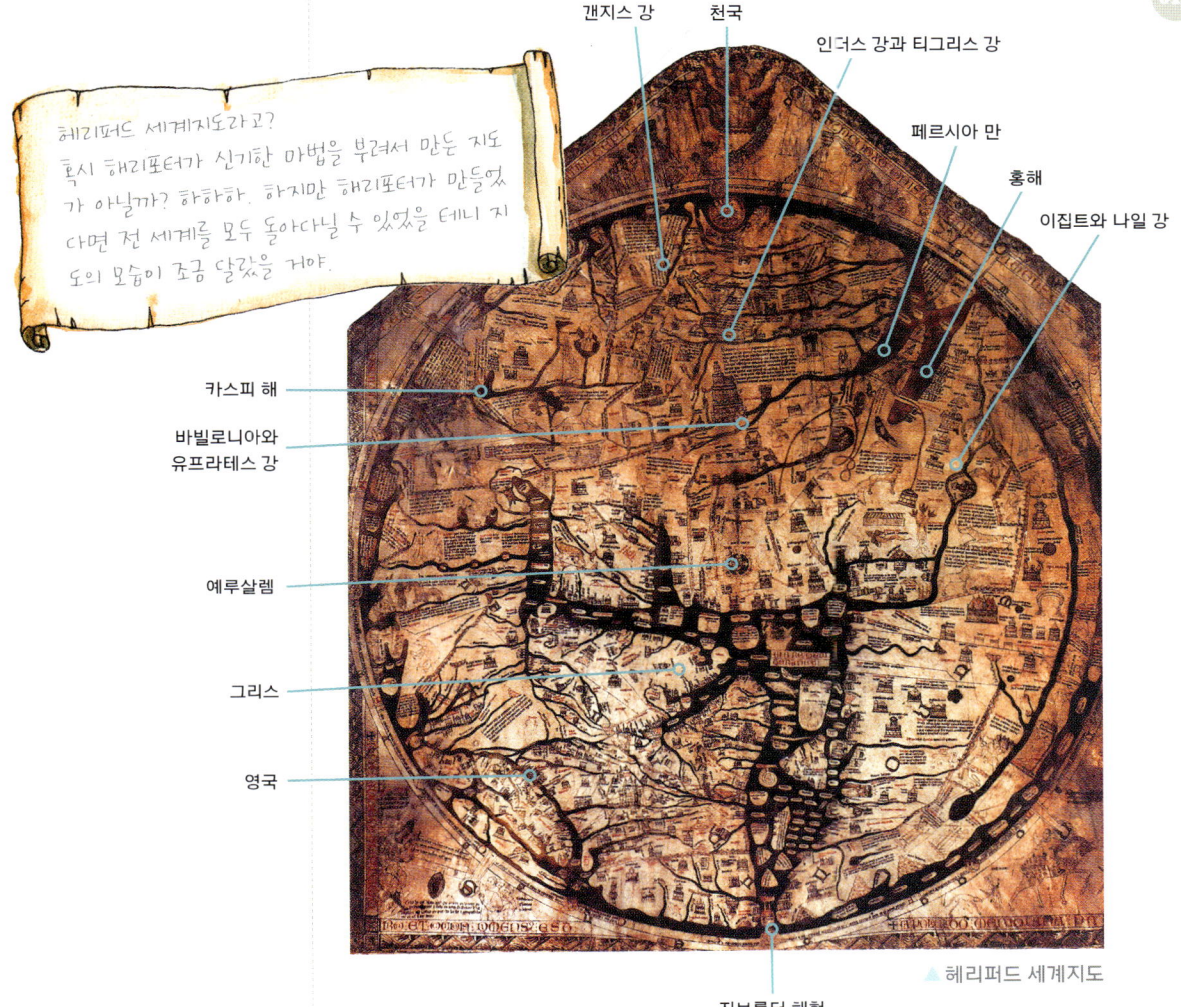

▲ 헤리퍼드 세계지도

이며, 예루살렘을 세계의 중심으로 여기는 것이 특징이에요. 동그란 원 안에 육지가 있고, 원 밖은 바다로 표현되어 있습니다. 특히 원 안에는 인도의 갠지스 강과 인더스 강, 바빌로니아와 유프라테스 강, 페르시아 만과 홍해, 그리고 이집트의 나일 강까지 우리에게 익숙한 지명들이 다수 나타나 있어요. 하지만 세계지도라 하기에는 뭔가 부족하죠? 유럽 지역 위주로 나타나는 자기중심적 세계관*이 지도에 그대로 묻어나기

세계관
자연적 세계와 인간 세계를 바라보는 견해

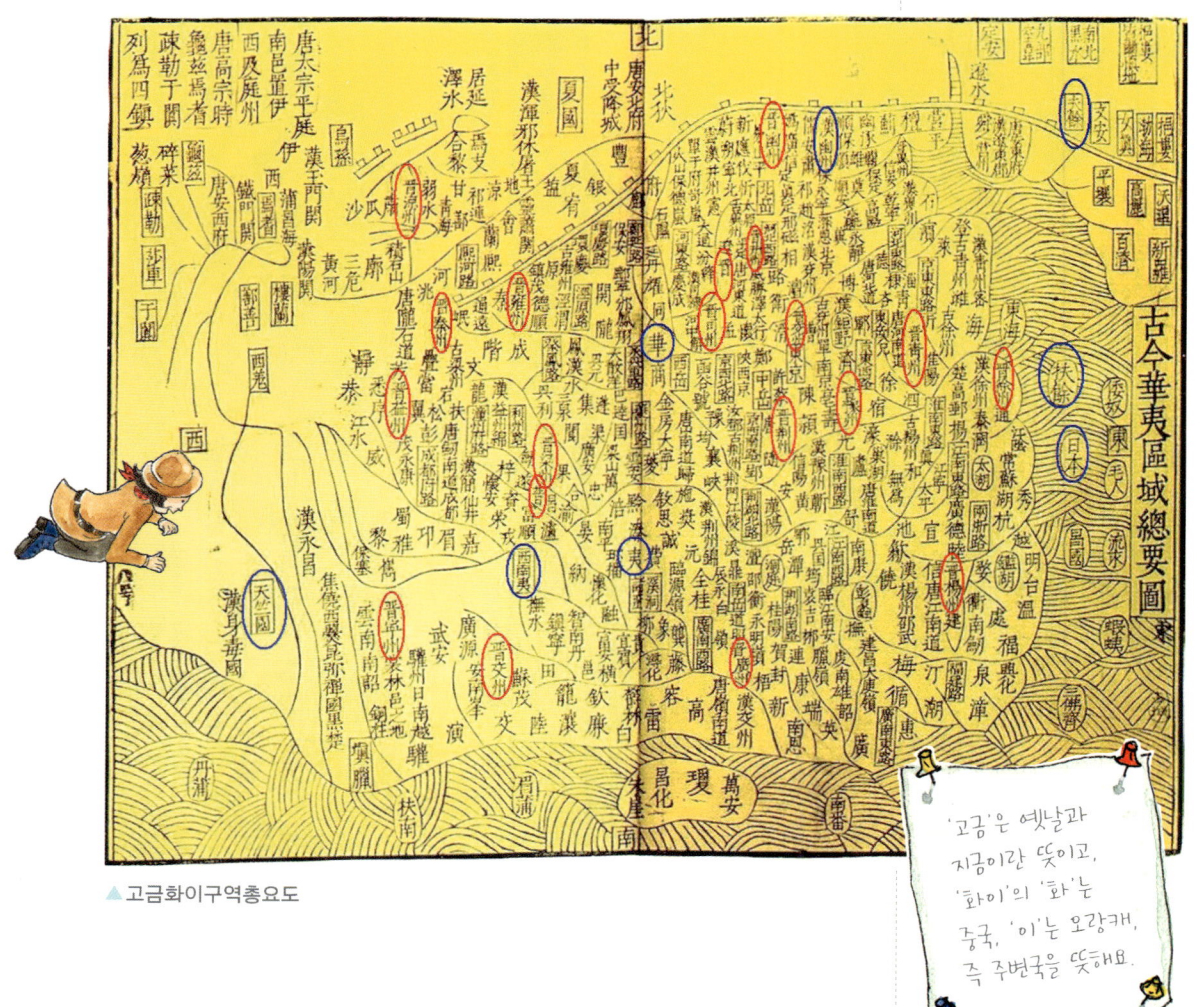
▲ 고금화이구역총요도

'고금'은 옛날과 지금이란 뜻이고, '화이'의 '화'는 중국, '이'는 오랑캐, 즉 주변국을 뜻해요.

때문입니다. 이런 자기중심적인 세계관은 동양에서도 나타나는데, 다음의 지도를 통해 확인할 수 있답니다.

위의 그림은 세계 최초의 인쇄 지도로 유명한 **고금화이구역총요도**입니다. 이 세계지도는 12세기경에 제작되었는데, 중국의 왕권*사상을 바탕으로 하는 세계관이 나타나 있다는 점이 특징적입니다. 인쇄 지도이기 때문에 다른 세계지도와 달리 여러 가지 색을 사용하지 않고 하나의 색만을 이용했어요. 또 다양한 장식으로 빈 곳을 채우지도 않았습니다. 그래서 요

왕권
임금이 지닌 권력이나 권리

즘 세계지도와 통하는 점이 많습니다.

이번에는 또 다른 세계관이 드러나는 세계지도를 살펴보아요. 이 지역의 사람들은 세계를 어떻게 바라보았을까요?

아래 왼쪽 그림은 중세 모로코의 지리학자인 알 이드리시*가 12세기에 만든 세계지도의 일부분입니다. 이 세계지도는 세계를 둥근 모양으로 나타내어 당시의 다른 세계지도와 사뭇 다른 매우 독창적인 지도로 인정받고 있습니다. **알 이드리시의 세계지도**는 이슬람 문명을 대표하는 세계지도인데, 이슬람의 성지인 메카를 중심으로 세계를 표현했습니다. 기독교의 성지인 예루살렘을 중심으로 세계를 표현한 헤리퍼드 세계지도나 왕도인 동경을 지도의 중심에 나타낸 고금화이구

알 이드리시
모로코의 세우타에서 1099년에 태어나 소아시아, 아프리카, 에스파냐, 프랑스 등지를 여행했다. 세계지도와 수많은 지리서를 펴냈다.

▲ 알 이드리시 세계지도의 개요도

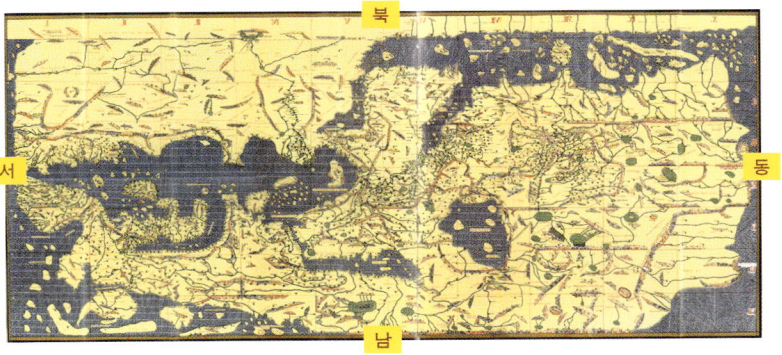

▲ 알 이드리시의 세계지도. (위 : 원래 지도, 아래 : 180° 돌린 것)

역총요도에서도 볼 수 있듯이 당시의 세계지도에는 그 중심에 가장 중요하고 성스러운 것을 나타내고 있음을 알 수 있습니다. 그러나 알 이드리시 세계지도는 특정한 세계관에 얽매이지 않았습니다. 그래서 당시의 그 어느 지도보다도 넓은 범위를 나타낼 수 있었죠. 아프리카와 유럽의 서쪽 끝에서 중국의 동쪽 연안까지 폭넓게 나타냈으니 말입니다. 그런데 어느 쪽이 유럽이고 어디가 중국을 나타내고 있는지 알겠어요? 이 지도에는 이슬람 문화가 반영되어 있기 때문에 우리가 흔히 알고 있는 방향과는 다르다는 점이 특징입니다. 즉 북쪽을 지도 윗부분이 아닌 아랫부분에 나타내고 있어요. 따라서 동쪽은 오른쪽이 아니라 왼쪽이 됩니다.

아래 그림은 **프톨레마이오스의 세계지도**입니다. 2세기경에 그려진 것으로 추정되는 원본은 남아 있지 않고 현재 우리가 보고 있는 지도는 15세기경에 모사*한 것이라고 합니다. 여러분! 이 세계지도가 2세기경에 그려진 것이라면 믿겠어요?

모사
그대로 본떠서 똑같이 그리거나 쓰는 일

▲ 프톨레마이오스의 세계지도

세계 곳곳을 여행한 사람들의 말만 듣고 이런 세계지도를 그렸다고? 정말 대단한걸. 그런데 지도 주변에 있는 사람들은 뭐지? 무엇을 그리 쳐다보고 있는 것일까? 프톨레마이오스의 세계지도에 놀라움을 나타내고 있는 것일까?

더욱 놀라운 사실은 당시 세계 곳곳을 여행하고 돌아온 상인이나 관리들을 통해 전해 들은 말을 바탕으로 그렸다는 사실이에요. 프톨레마이오스 정말 대단한 사람이죠? 그뿐만이 아니랍니다. 이 지도는 처음으로 위도와 경도를 설정하여 세계를 그렸고, 지구가 둥글다는 것을 알 수 있도록 위선과 경선을 모두 곡선으로 표현했어요. 그럼에도 현재의 위선과 경선과 비교해 볼 때 거의 차이가 나지 않을 만큼 정확하다고 하니 정말 놀라운 일이 아닐 수 없어요. 이런 점 때문일까요? 프톨레마이오스 세계지도는 알 이드리시의 세계지도나 칸티노 세계지도에 많은 영향을 끼쳤다고 합니다. 알 이드리시의 세계지도는 앞에서 살펴보았으니 이번에는 아래의 칸티노 세계지도를 살펴볼까요?

> 마치 보물지도 같은걸. 보물을 찾으러 떠나는 영화에서 한 번쯤 본 것 같아.

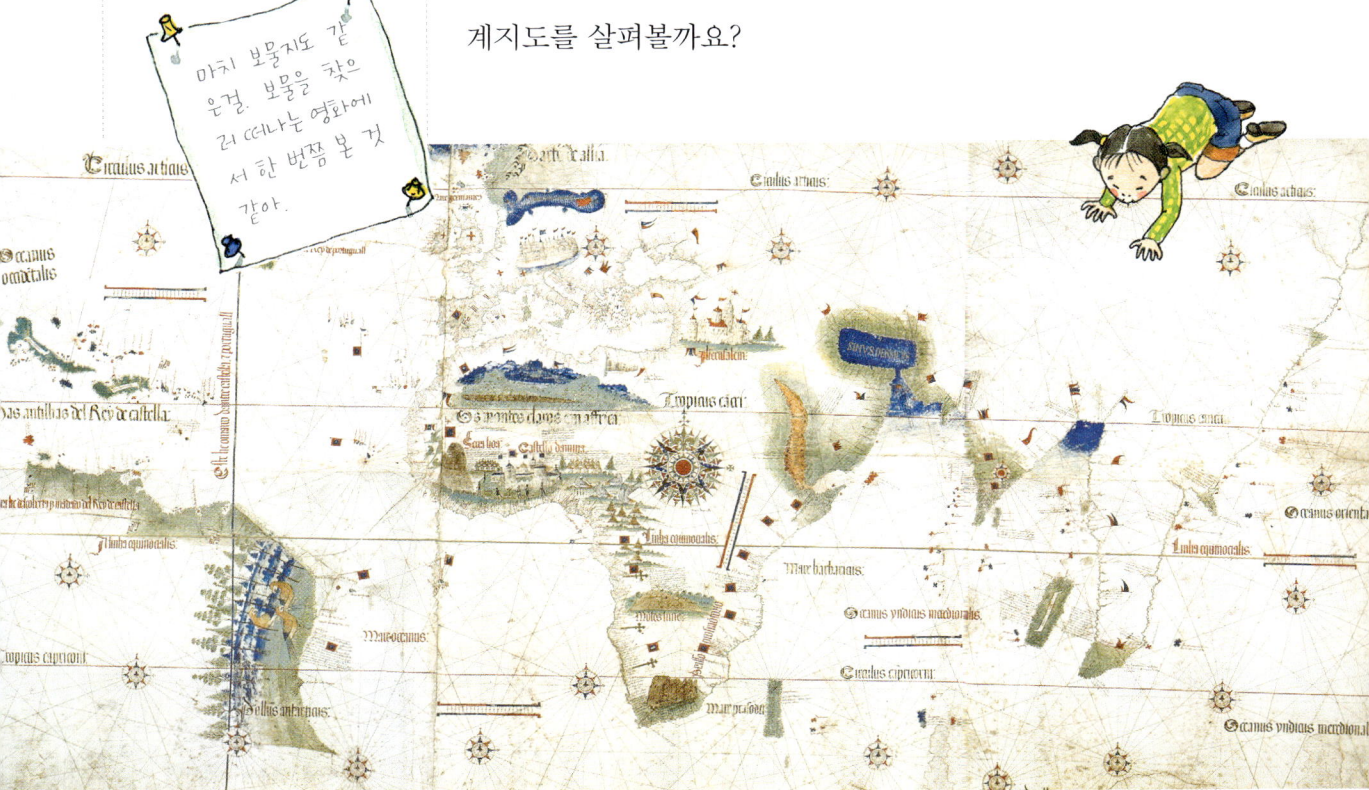

▲ 칸티노의 세계지도(1502년)

칸티노의 세계지도는 1502년에 만들어졌는데, 가로 2m×세로 1m 정도의 크기로, 포르투갈이 알고 있던 당시의 세계 모습을 나타낸 것입니다. 그럼에도 불구하고 포르투갈이 세계지도의 중심이 아니라는 점이 특징입니다. 칸티노 세계지도는 프톨레마이오스의 세계지도에 영향을 받은 만큼 위도와 경도를 측정하여 세계지도를 만들려고 시도한 최초의 지도로 알려져 있습니다. 기존의 세계지도가 특정 세계관 중심이었다면, 칸티노 세계지도는 측량에 기초한 과학적 세계지도로 변화를 꾀했다는 점에서 새로운 형태의 세계지도로 인정받고 있습니다. 이 모든 것이 가능할 수 있었던 것은 아프리카에서 인도에 이르는 길을 직접 항해하여 측량한 것을 지도에 나타냈기 때문입니다. 지도를 살펴보면 측량에 의해 지도를 제작한 흔적들이 여러 군데 나타납니다.

오늘날 세계지도의 모습

이후 현대로 오면서 측량 기술이 더욱 발달하여 마침내 세계의 모습을 그대로 담은 지도를 만들게 되었습니다. 오른쪽 위의 세계지도를 보아요. 아주 흔한 세계지도이죠? 세계 전체의 모습이 한눈에 들어오죠? 앞에서 보았던 고대와 중세의 세계지도*와는 너무나 차이가 많죠? 이렇게 자세하고 정확한 세계지도를 만들기 위해 그동안 얼마나 많은 도전과 힘든 노력들을 했을까요?

최근에는 미국 항공우주국(NASA, 나사)에서 '세계에서 가장 완벽한 지도'라고 강조하는 세계지도까지 등장했답니다. 오른쪽 아래의 지도를 보세요.

고대와 중세의 세계지도
에라토스테네스의 세계지도, 헤리퍼드 세계지도, 고금화이구역총요도, 알 이드리시의 세계지도, 프톨레마이오스의 세계지도, 칸티노의 세계지도 등등. 이외에도 수많은 지도들이 전래되어 왔습니다.

표준 (행정) **세계지도**

어? 우리 교실에 걸려 있는 세계지도다. 쉬는 시간이면 이 지도를 보며 이다음에 커서 어디로 여행을 떠날까 계획도 세우고 그곳은 어떤 곳일까 상상도 하는데……

▲ 오늘날의 세계지도

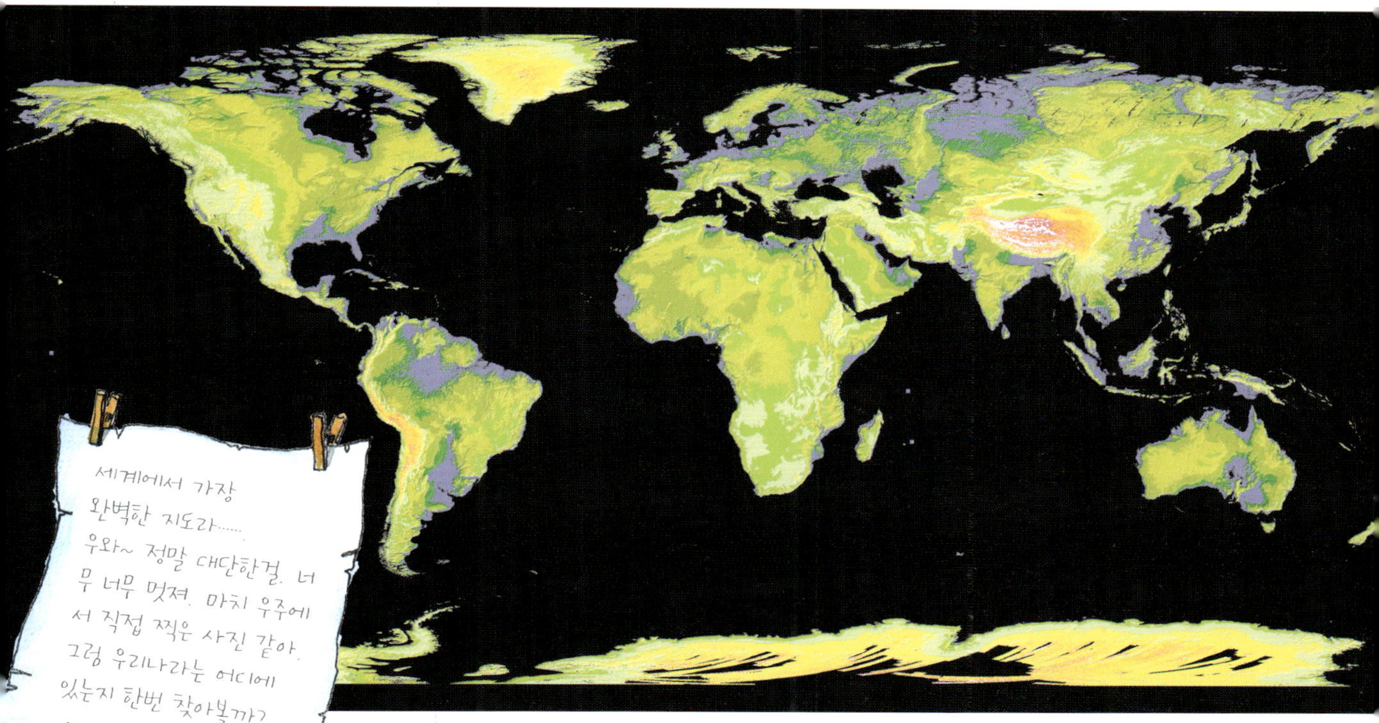

세계에서 가장 완벽한 지도라…… 우와~ 정말 대단한걸. 너무 너무 멋져. 마치 우주에서 직접 찍은 사진 같아. 그럼 우리나라는 어디에 있는지 한번 찾아볼까?

▲ 미국 항공 우주국이 공개한 세계에서 가장 완벽한 지도

여러분이 보기에 어떤가요? 정말 완벽해 보이나요? 이 지도가 어째서 세계에서 가장 완벽한 지도라고 할 수 있을까요? 그것은 지도의 제작 과정과 방법에 있답니다. 이 지도는 최초로 지구 지형 데이터의 99% 이상을 디지털*화했고, 130만 장에 이르는 지구 사진과 30m 간격으로 찍은 지구 표면 조사 자료를 합쳐서 만들었기 때문입니다. 그럼 이제 더 이상의 세계지도는 없는 것일까요? 가장 완벽한 세계지도라고 강조하는 지도가 세상에 나왔으니 말입니다. 하지만 지금도 끊임없이 위성에서 보내오는 지구의 모습을 분석하여 더 정확한 세계지도를 만들기 위해 노력하고 있으니 계속해서 더욱 정밀한 지도가 나올 것입니다. 사실 이 지도에도 단점이 있는데, 그것은 경사가 가파른 지형이나 사막에 대한 정보가 부족하다는 점입니다. 이런 부족함을 보완하기 위해 열심히 연구 중이랍니다.

디지털
여러 자료를 유한한 자릿수의 숫자로 나타내는 방식

지도 위에 세계를 나타내는 방법

여러분! 세계지도는 지구를 펼쳐 놓는 방법에 따라 그 모습이 여러 가지가 될 수 있다는 사실을 알고 있나요? 펼치는 방법을 '도법'이라고 하는데, 도법에 따라 나라의 크기가 실제와 다르게 나타날 수도 있고 모양 또한 실제와 다르게 보일 수 있어요. 그것은 둥근 지구를 평평한 종이에 옮기는 과정에서 왜곡*이 발생하기 때문이에요. 어떤 것은 실제와 면적이

왜곡
사실과 다르게 해석하거나 그릇되게 함

달라 보이지만 모양이 정확한 지도이고, 다른 것은 실제와 면적은 비슷하지만 모양이 다르게 보이는 지도입니다. 여러 가지 도법의 지도를 살펴보고 차이점을 찾아보아요. 엄청난 비밀이 숨어 있으니까요.

메르카토르 도법

먼저 근대 지도 제작의 기초를 마련했다고 평가받는 네덜란드의 지리학자인 메르카토르가 만든 '메르카토르 도법'에 관해 이야기해 보아요. 지구를 종이로 둘러싼다고 생각해 보세요. 적도가 종이에 닿도록 말이죠. 그러고 나서 지구 중심에서 빛을 쏘아요. 그러면 종이에 지구 표면의 그림자가 생기겠죠? 이제 종이를 펴요. 메르카토르 도법의 지도가 돼요.

그럼 메르카토르 도법으로 제작된 지도부터 한번 살펴볼까요?

남극과 그린란드가 이렇게 크게 보이다니. 어째서 이런 지도가 나오게 된 것일까?

▲ 메르카토르 도법으로 나타낸 세계지도

여기서 '도법'이란 위선과 경선으로 이루어진 지구상의 가상적 좌표*를 평면인 종이에 옮기는 방법을 말합니다. 둥근 지구를 평평한 곳에 옮기기 때문에 지역에 따라 왜곡이 생깁니다.

메르카토르 도법은 위선*과 경선*이 모두 직선으로 이루어져 있는 것이 특징입니다. 그런데 세계지도를 자세히 살펴보면, 극지방으로 갈수록 위선의 간격이 커진다는 것을 알 수 있습니다. 그렇게 되면 극지방으로 갈수록 땅의 크기가 실제와는 다르게 더 부풀려지게 됩니다. 위도가 높은 지역일수록 위선의 간격이 더 커지므로 땅의 크기도 더 부풀려지겠죠? 북극 근처의 그린란드와 남극을 한 번 살펴보세요. 실제 크기와 지도에 나타난 크기가 많이 다르다는 것을 알 수 있어요. 그린란드*가 아프리카 대륙과 크기가 비슷해 보일 정도로 아주 크게 나타나는가 하면, 남극은 세계의 여러 대륙을 모두 합한 것만큼 커 보일 정도로 실제와는 많이 다름을 확인할 수 있어요.

다음 쪽에 나오는 그림을 보면 메르카토르 도법의 원리를 좀 더 쉽게 이해할 수 있을 것입니다. 둥근 지구를 평평한 곳에 나타내기 위해 극지방으로 갈수록 많이 잡아당겨야 하는 것을 볼 수 있어요. 그러니 극지방으로 갈수록 실제보다 땅덩어리가 더 크게 보일 수밖에요. 앞에서 보았던 남극과 그린

▲ 메르카토르 도법으로 나타낸 세계지도

좌표
평면이나 공간에서 위치를 나타내는 수 또는 수의 짝

위선
위도를 나타내는 선

경선
경도를 나타내는 선

그린란드
대서양과 북극해 사이에 있는 세계에서 가장 큰 섬. 덴마크 땅이며, 주민은 대부분 에스키모 인이다. 면적은 217만 5597㎢

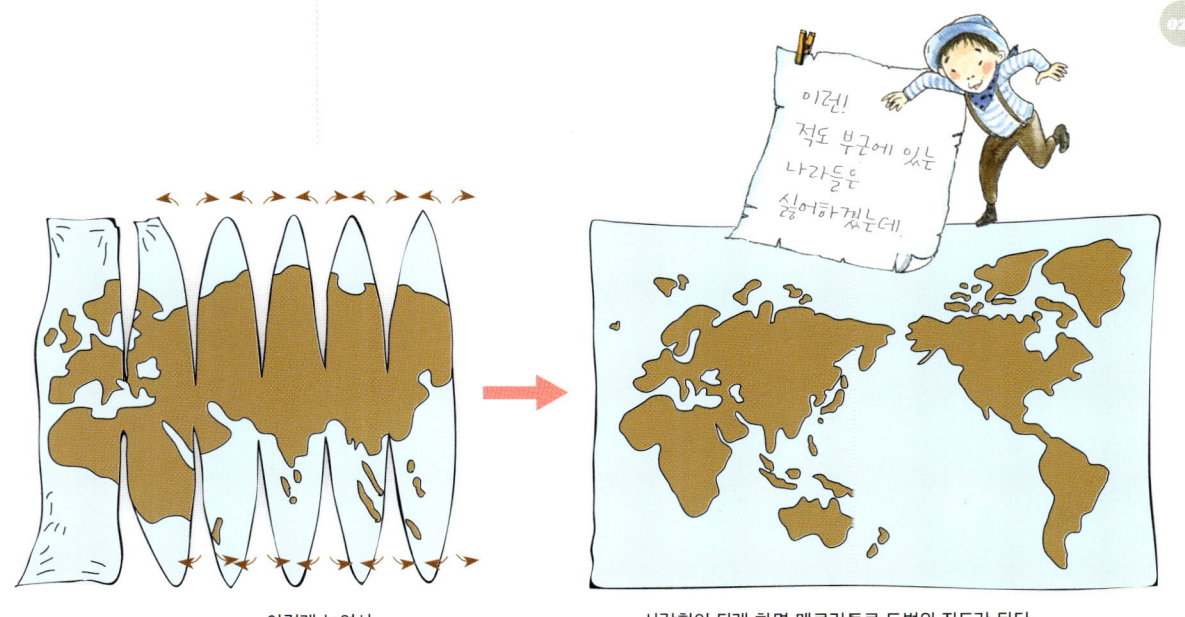

이렇게 늘여서 사각형이 되게 하면 메르카토르 도법의 지도가 된다.

▲ 메르카토르 도법의 원리

란드의 크기를 떠올리면 쉽게 이해될 거예요. 반면 가운데 적도 지방을 보세요. 거의 처음 상태 그대로입니다. 따라서 크기의 차이가 없다고 보면 됩니다. 그러면 어떤 상황이 벌어질까요? 당연히 적도 지방에 있는 나라들이 불만을 가지게 될 것입니다. 극지방으로 갈수록 실제보다 더 크게 나타나기 때문이죠. 더욱이 그 지도는 세상 여기저기에서 많은 사람들의 눈을 통해 마치 사실인 것처럼 알려지고 있으니까요.

그럼 왜 이렇게 실제와 달리 보이는 지도를 사용하고 있을까요? 그것은 둥근 지구를 평평한 종이 위에 실제 모습 그대로 나타내는 것이 불가능하기 때문입니다. 그래서 실제 모습을 가장 잘 표현할 수 있는 방법들을 생각해 왔는데 메르카토르 도법도 그중 한 가지예요. 그럼 다른 방법이 있을까요? 다른 방법으로 세계를 나타낸 지도도 살펴보아요.

골-페터스 도법

다음 지도는 '골-페터스 도법'으로 세계를 나타낸 것입니다. 얼른 보기에도 모양이 실제와 다름을 알 수 있습니다. 각 대륙의 모양이 전체적으로 길쭉하게 보이니까요. 하지만 이 지도는 '메르카토르 도법'의 세계지도보다 땅의 면적이 실제와 가깝게 나옵니다. 메르카토르 도법으로 나타낸 세계지도는 극지방으로 갈수록 면적이 실제보다 점점 더 크게 나타난다고 했는데요. 특히 북반구*의 중위도* 지방에 속하는 선진국들이 크게 보이는 효과가 있어요. 그래서 이 부분에 대해 불만이 많았는데 골-페터스 도법은 적어도 땅의 크기 측면에서는 메르카토르 도법보다 거짓말을 적게 한다고 하겠습니다. 그러나 앞에서 본 두 가지 세계지도 모두 실제와 모양이 다르거나 면적이 다르므로 지구의 모습을 정확하게 나타냈다고 보기는 어려울 것입니다. 그래서 땅의 크기를 실제와 비슷하게 하면서도 각 나라의 모양까지 비교적 알맞게 표

북반구
적도를 중심으로 북쪽에 있는 지구의 절반

중위도
위도가 대략 20°~50°인 지역

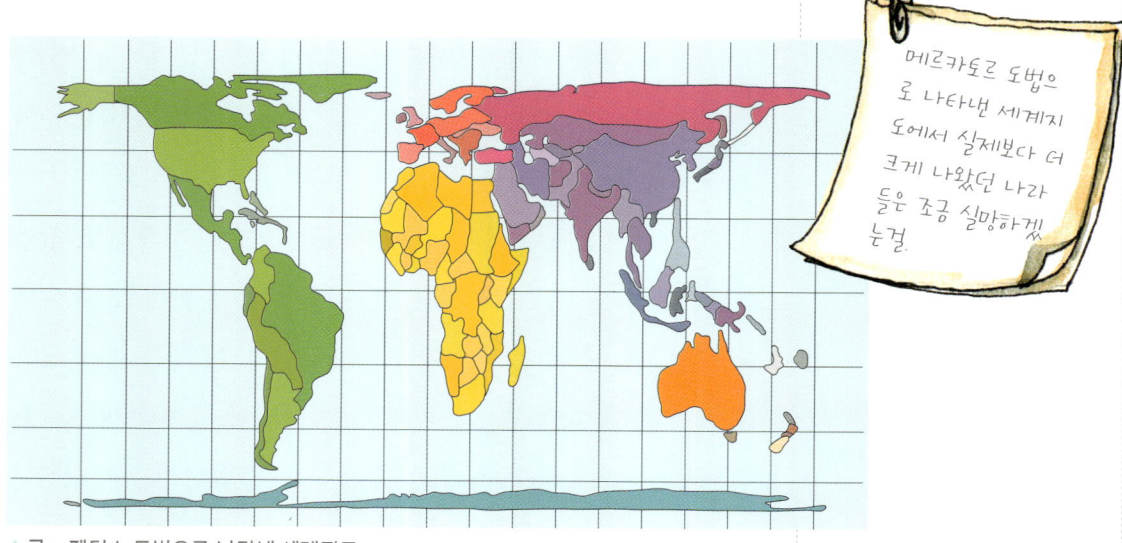

▲ 골-페터스 도법으로 나타낸 세계지도

> 메르카토르 도법으로 나타낸 세계지도에서 실제보다 더 크게 나왔던 나라들은 조금 실망하겠는걸.

현한 세계지도가 등장하게 되는데, 그것은 '로빈슨 도법' 세계지도입니다.

로빈슨 도법

아래의 세계지도가 로빈슨 도법을 사용한 것입니다.

로빈슨 도법을 이용한 세계지도는 메르카토르 도법보다는 각 나라의 모양과 면적을 비교적 정확하게 나타내지만 둥근 지구의 모습을 평평한 종이에 완전하게 나타냈다고 할 수는 없습니다. 앞에서도 말했듯이 둥근 지구를 하나의 왜곡도 없이 평평한 종이에 나타내기란 불가능하기 때문입니다. 그럼 지구의 실제 모습을 좀 더 정확하게 나타낼 수 있는 방법은 이제 없을까요? 여기서 또 다른 세계지도를 하나 더 살펴보아요.

로빈슨 도법을 쓰니 면적과 모양이 조금은 비슷한데?

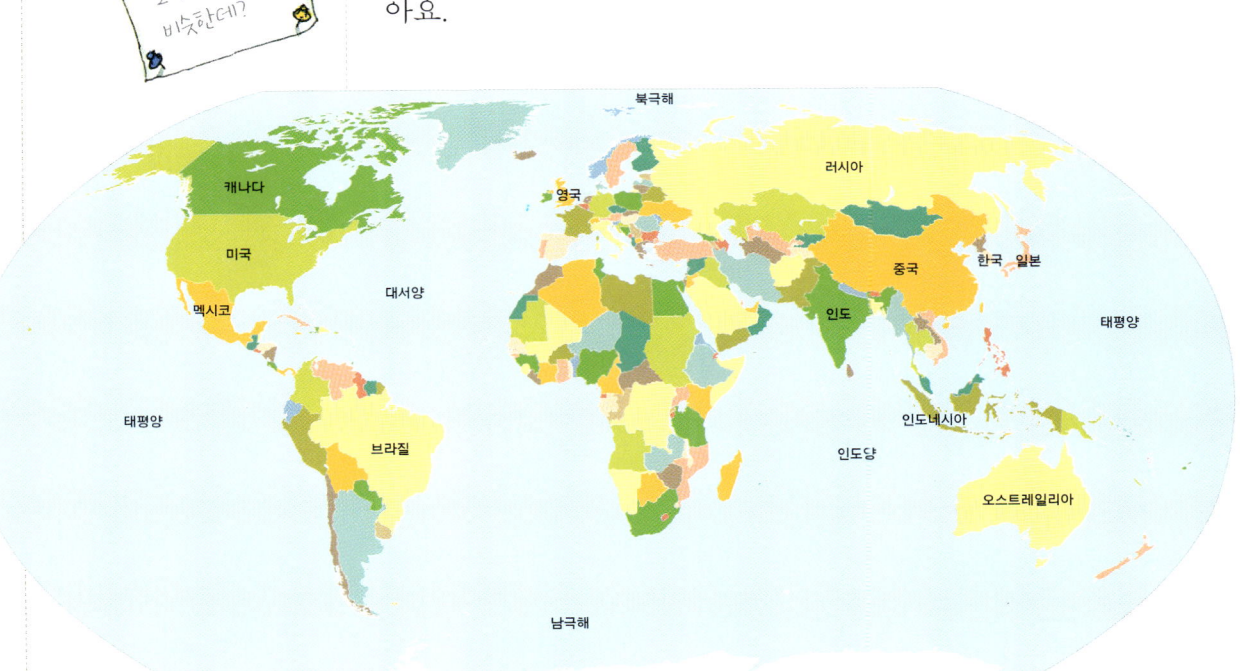

▲ 로빈슨 도법으로 나타낸 세계지도

구드 도법

여러분! 아래 세계지도는 조금 이상하게 보이죠? 아마 처음 보는 사람들이 많을 것입니다. 이 세계지도는 '구드 도법'을 사용하여 지구의 모습을 나타낸 것입니다. 구드 도법은 육지의 모양과 면적이 정확하다는 장점이 있습니다. 이제 이 세계지도를 모두가 사용하면 아무런 문제가 없을 것으로 생각되겠지만 꼭 그렇지만은 않답니다. 왜 그럴까요? 지도를 보면 한눈에 알아볼 수 있어요. 그렇습니다. 바로 바다가 갈라져 있기 때문에 육지와 바다의 관계를 나타내기가 어렵고, 5대양 6대주도 분명하지 않으며 항해를 할 때 사용*하기에도 불편합니다. 그래서 안타깝지만 구드 도법으로 나타낸 세계지도는 모양과 크기가 정확하다는 점에 만족해야 할 듯합니다.

항해를 할 때 사용하는 지도 (항해도)
항해를 할 때 쓰는 지도. 육지 표시, 등대, 암초의 위치, 조류의 방향 따위가 기입되어 있다.

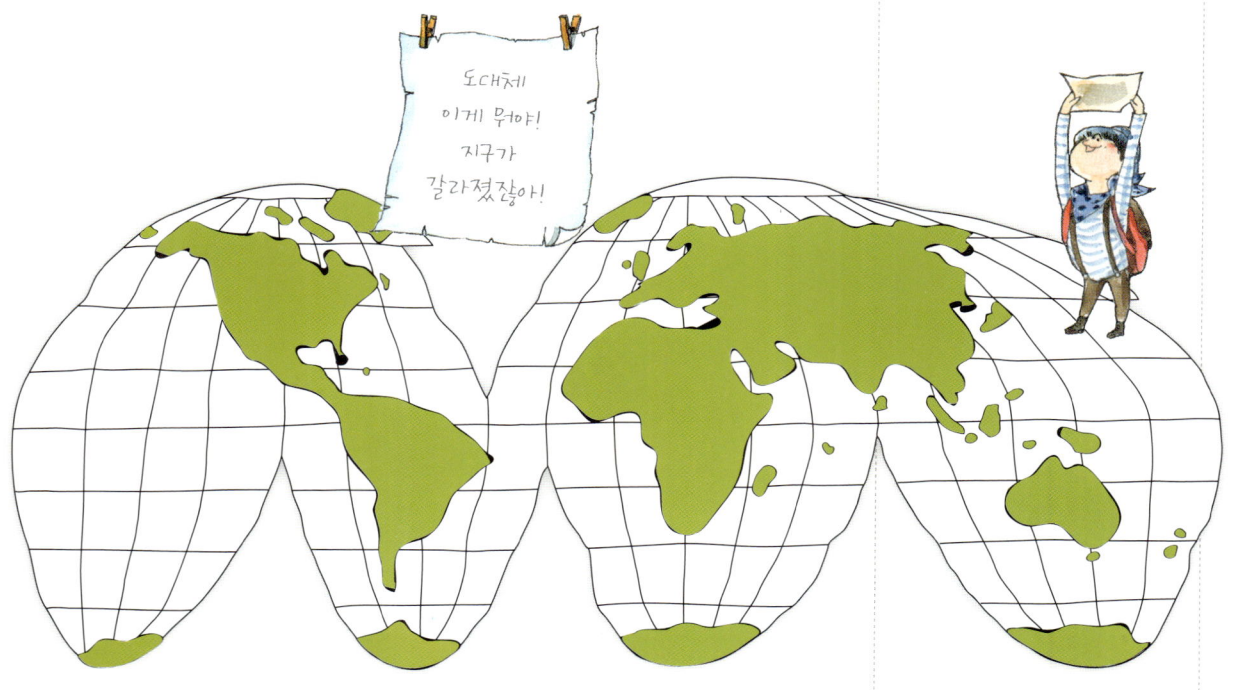

▲ 구드 도법으로 나타낸 세계지도

세계지도에 정답은 없다?

나라마다 다른 세계지도

우리는 앞에서 여러 종류의 세계지도를 보았어요. 그런데 만일 우리가 다른 나라에 가서 세계지도를 구경한다고 상상해 보아요. 그 나라에서 사용하는 세계지도는 우리가 흔히 보는 세계지도와 같을까요? 물론 나라마다 말과 글이 다르기 때문에 지도에 적혀 있는 글자는 다를 것입니다. 그리고 또 다른 것은 없을까요? 세계 전체의 모습은 변하지 않으니 같을 것이라고요? 다를 것 같은데 구체적으로 무엇이 다른지 모르겠다고요? 그럼 다음의 지도를 보면서 이 문제에 대해 생각해 보아요.

우리가 지금까지 보아왔던 세계지도와 무엇이 다른가요? 아래 지도는 **오스트레일리아와 같이 남반구*에서 세계를 바라본 모습**을 나타낸 것입니다. 우리는 항상 우리나라가 속해 있

남반구
적도를 중심으로 남쪽에 있는 지구의 절반

▲ 오스트레일리아에서 사용하는 세계지도

> 남반구에서는 세계를 이렇게 볼 수도 있겠구나. 이상하면서도 꽤 새롭게 보이는군.

는 북반구의 입장에서 세계지도를 보았기 때문에 이상하게 보일지 모르지만 남반구에 살고 있는 사람들에게는 그렇지 않을 수도 있습니다. 이뿐만이 아니라 세계 몇몇 나라에서는 자기 나라를 세계의 중심에 두고 제작한 세계지도를 사용하기도 합니다. 그럼 그런 세계지도를 몇 가지 구경해 볼까요?

아래 그림은 에스파냐*를 중심으로 나타낸 세계지도입니다. 마젤란이 지구가 둥글다는 것을 증명하기 위해 탐험에 나섰던 길을 함께 나타내고 있습니다. 1519년 당시에 마젤란이 탐

에스파냐
영어식으로는 스페인이라고 한다.

▲ 에스파냐 중심의 세계지도

험을 시작한 에스파냐는 자기 나라가 세계의 중심이라고 생각했던 것입니다.

아래 세계지도는 **유럽을 중심으로** 나타낸 것입니다. 유럽 중심의 세계지도에서 우리나라의 위치는 어떻게 말할 수 있을까요? 동쪽 끝에 있는 것처럼 보이죠? 영국의 그리니치 천문대를 기준으로 우리나라가 동쪽에 있고, 예로부터 우리나라가 '동방예의지국*'이라 불렸다는 것, 그 외에도 우리나라가 속해 있는 지역을 동아시아 또는 극동 지역이라고 부르기도 하는 것은 모두가 유럽 중심의 세계지도에서는 딱딱 맞아 들어가는 것을 확인할 수 있습니다.

동방예의지국
동쪽에 있는 예의 바른 나라라는 뜻으로 중국에서 우리나라를 일컫는 말 중의 하나

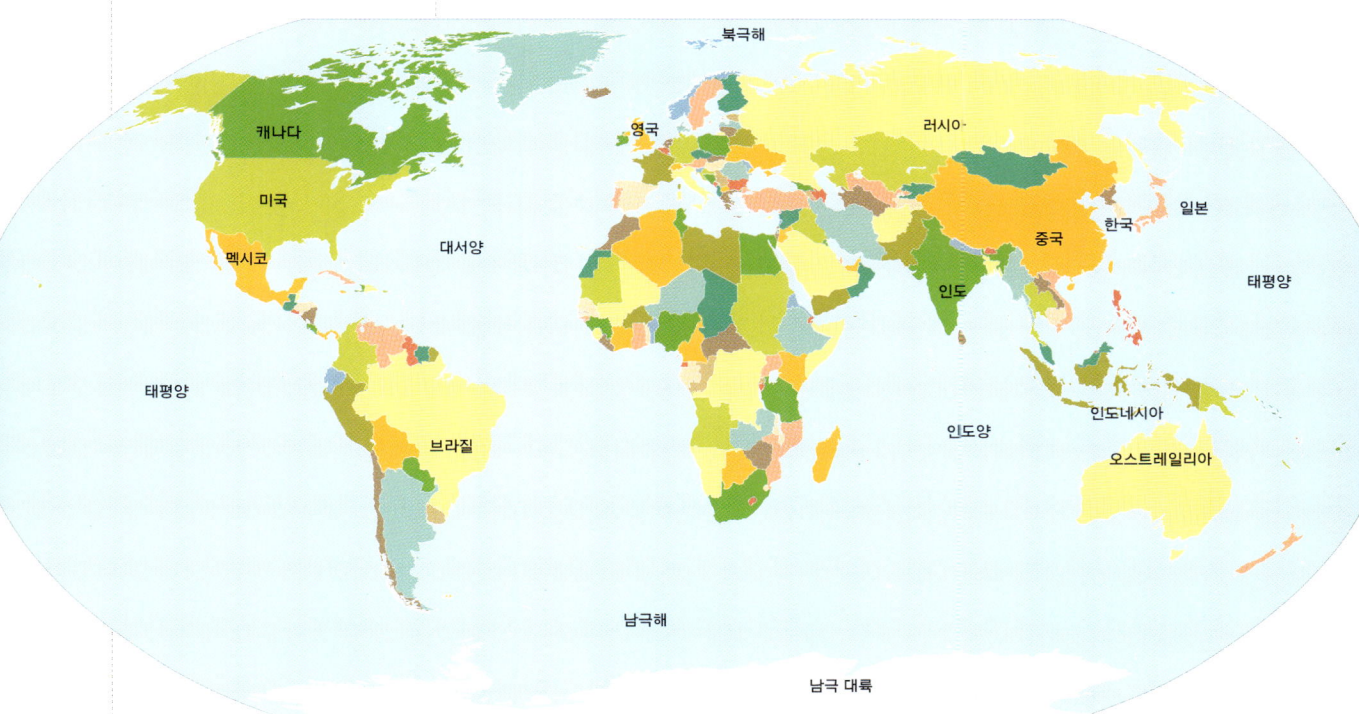

▲ 유럽 중심의 세계지도

▲ 미국 중심의 세계지도

　위의 그림은 **미국을 중심으로** 나타낸 세계지도입니다. 우리가 자주 보아 왔던 세계지도의 모습과는 조금 다르죠? 미국을 중심으로 나타낸 세계지도에서는 우리나라가 미국의 서쪽에 있습니다. 또 미국의 서쪽에 태평양이 있고, 동쪽에 대서양이 있습니다. 그리고 재미있는 사실은 미국 중심의 세계지도에서는 러시아를 비롯하여 중앙아시아 일부 지역이 갈라져서 보인다는 것입니다. 그래서 세계의 모습을 한눈에 정확하게 보기에는 다소 불편하다고 할 수 있습니다.

우리나라 중심의 세계지도도 있어요

앞에 나온 여러 가지 세계지도들을 보니 우리나라가 세계의 중심에 놓여 있는 지도는 없을까 하는 생각이 들지 않나요? 다음의 세계지도를 통해 확인해 보아요.

아래 지도를 보아요. 이제 우리나라가 중심에 놓였어요. 유럽과 아프리카가 서쪽에 있고, 아메리카 대륙은 동쪽에 있어요. 우리 입장에서는 서쪽 끝에 유럽이 있으니까 유럽이 '극서*' 지역이 되겠죠?

극서
서쪽의 맨 끝

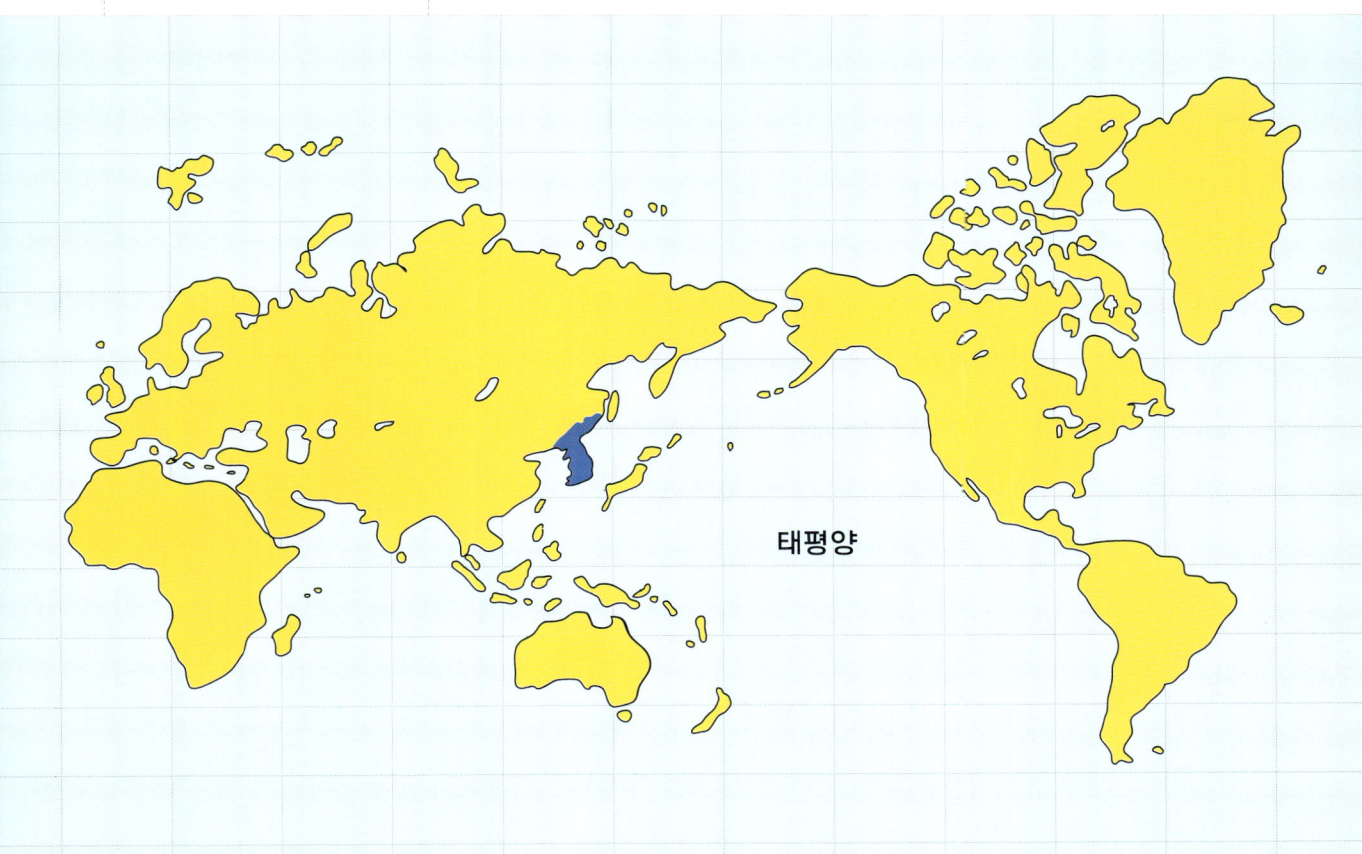

▲ 대한민국 중심의 세계지도

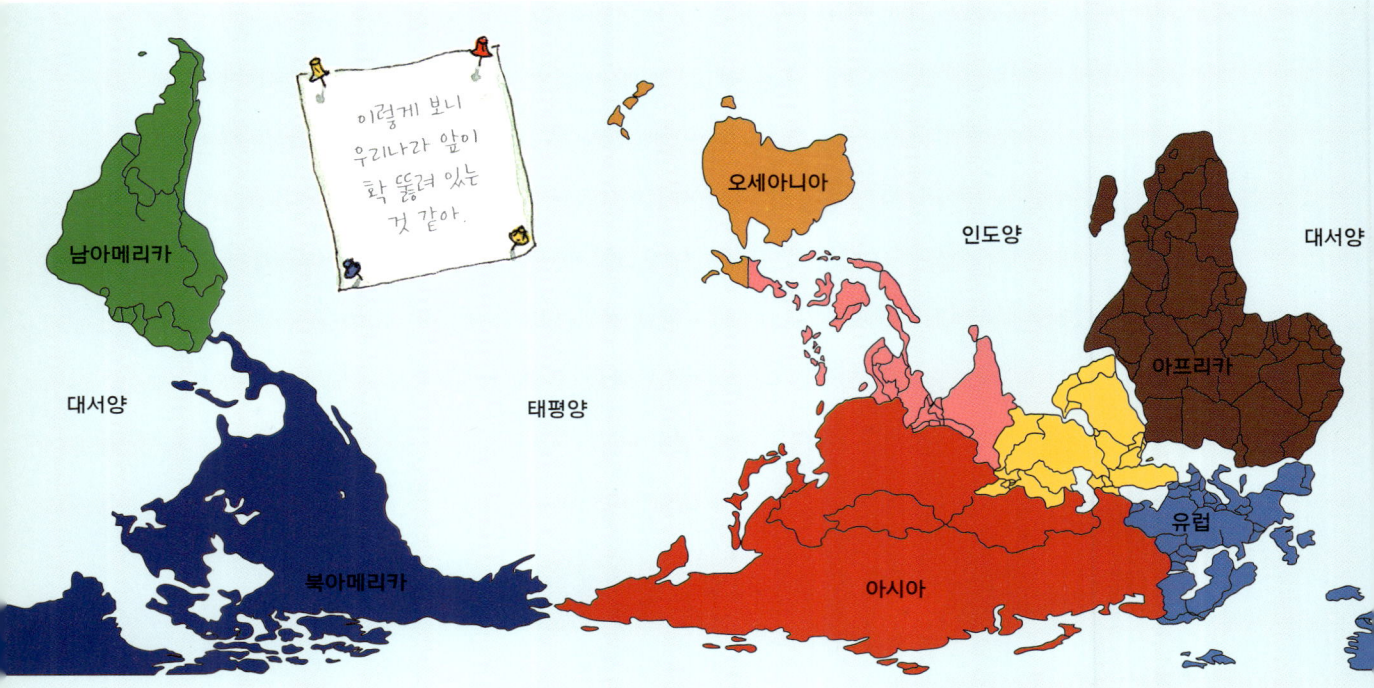

▲ 대한민국 중심의 세계지도

위의 지도는 이상한 점이 없나요? 그래요. 우리가 평소에 자주 보던 세계지도와 달리 거꾸로 본 것입니다. 하지만 그냥 거꾸로 본 것이 아니라 <mark>우리나라를 세계의 중심에 두고</mark> 태평양을 바라보는 형태로 지도를 배치했다고 하는 것이 더 정확한 표현일 것입니다. 태평양을 향해 뻗어 있는 우리나라 한반도! 생각만 해도 가슴 뭉클한 모습이 아닐 수 없습니다. 단지 지도의 방향만 바꿨을 뿐인데, 지도를 보는 느낌은 사뭇 차이가 납니다. 왜 자기 나라를 세계의 중심에 두는지, 그리고 왜 그렇게 할 필요가 있는지에 대해서도 한번 생각해 보게 됩니다.

이처럼 나라의 위치나 세계를 보는 눈에 따라 세계지도는 얼마든지 다를 수 있습니다. 정해진 세계지도는 없다는 것이죠. 다만 일반적으로 그리고 흔하게 사용되고 볼 수 있는 세계지도가 있을 뿐입니다. 둥근 지구의 모습을 평평하게 펼쳐 놓은 세계지도! 이 세계지도를 통해 우리는 인간 삶의 다양한 모습들을 나타내고 엿볼 수 있습니다. 그 모습들을 엿보러 떠나요!

지도는 종이에만 그렸을까?

지도는 아주 옛날 사냥을 하고 돌아오는 길을 잃어버리지 않기 위해, 그리고 먹을 음식을 저장해 둔 곳을 잊지 않기 위해 그리기 시작했지요. 우리는 종이에 인쇄된 지도가 익숙하지만 종이가 없던 시절에는 어디에다 지도를 그렸을까요?

점토판 지도

이 지도는 기원전 6세기경에 만들어진 것입니다. 마르지 않은 점토판에 그림을 그린 뒤, 햇볕에 말려 딱딱하게 만든 지도랍니다. 실제 크기가 12.5cm X 8cm 정도밖에 되지 않는다고 합니다. 워낙 오래전에 만들어진 것이라 많은 부분이 파손되었지만 윗부분은 글자, 아랫부분은 그림으로 되어 있습니다. 그런데 이렇게 간단하고 작은 지도가 어째서 세계지도로 인정받을까요? 그 이유는 당시의 세계관이 담겨 있기 때문입니다. 지도에는 2개의 원이 있는데, 안쪽 원은 자신들이 살고 있는 바빌로니아 왕국인 육지이고, 바깥쪽 원은 바다를 나타냅니다. 그 당시 사람들은 세계가 평평하고 육지와 바다로 구성되어 있다고 믿었기 때문에 자신들의 왕국은 원 안에 나타내고, 그 원을 벗어난 지역은 넓은 바다로 나타내며 한번 가면 돌아올 수 없는 곳이란 의미를 표현했다고 합니다.

고대 바빌로니아의 점토판 지도

비단 지도

중국이나 우리나라에서는 고운 비단에 지도를 그리기도 했는데요. 비단이 귀하고 고운 만큼 그 위에 그린 지도 또한 무척 아름다웠다고 합니다.

이 지도는 우리나라에서 가장 오래된 세계지도로 알려진 '혼일강리역대국도지도'입니다. 15세기 초에 만들어진 것인데 비단에 색을 넣어 그렸다고 합니다. 그런데 이 지도는 이름이 참 특이해요. '혼일강리'는 세계지도를 뜻하고, '역대국도'

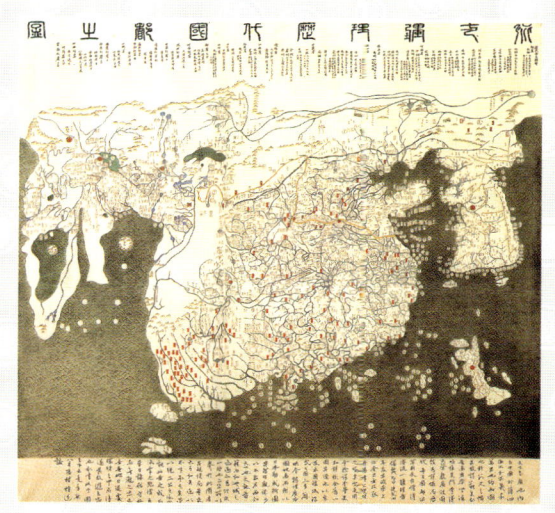

비단에 그린 우리나라의 혼일강리역대국도지도

는 과거의 도읍지를 뜻합니다. 중앙에 중국이 있고, 동쪽에는 우리나라, 서쪽에는 인도가 자리 잡고 있습니다.

나뭇가지 지도

태평양의 중·남부에 있는 여러 섬들을 말하는 폴리네시아! 이 지역에 살고 있는 섬사람들은 오래전에 갈대를 이용하여 지도를 만들었다고 합니다.

얼핏 보기에 '이게 무슨 지도야?' 하는 의문이 들죠? 이것은 태평양을 항해할 때 사용하기 위해 나뭇가지를 엮어 만든 지도입니다. 요즘에는 '해도'라고 하는 항해 지도인 것이죠. 바다의 상태를 나타내는 것이 목적이었기 때문에 갈대나 야자수

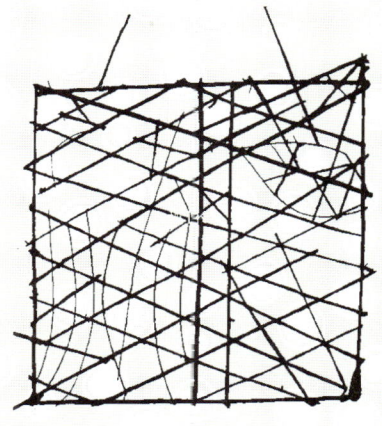

폴리네시아 해도

잎 등을 이용해 바닷물의 흐름과 방향을 나타내고, 조개껍데기로 섬들의 위치를 표시한 것입니다. 정말 재미있으면서도 기발한 아이디어죠?

02. 세계지도 속 숨은 나라 찾기

세계지도 속 숨은 나라 찾기

나라의 위치는 어떻게 나타내지?

대한민국은 어디에 있을까요?

세계지도를 보면 지구상에는 수많은 나라들이 있습니다. 우리는 세계지도를 통해 세계 여러 나라의 위치*를 알 수 있습니다. 어떤 나라가 어느 대륙에 있는지, 어느 바다 근처에 있는지, 어떻게 생겼는지 등을 눈으로 직접 확인할 수 있지요. 그중에는 한눈에 알아볼 수 있을 만큼 큰 나라가 있는가 하면, 뚫어지게 찾아보아도 도무지 어디에 있는지 알아보기 어려운 나라도 있어요. 우리나라와 크기가 비슷한 나라, 우리나라와 위치가 비슷한 나라 등을 찾는 재미도 쏠쏠하답니다. 그럼 지금부터 세계지도를 통해 세계 여러 나라의 위치와 관련된 재미있는 이야기를 시작해 볼까요?

오른쪽 세계지도를 살펴보아요. 수많은 나라들이 세계 곳곳에 위치하고 있는 것을 볼 수 있습니다. 우리나라인 대한민국은 어디에 있나요? 벌써 찾았다고요? 그럼 대한민국의 위치에 대해 자세하게 말해 보아요. 어떻게 설명할 수 있을까요?

위치를 나타내는 방법
주위에 있는 나라를 이용하여 'ㅇㅇ나라의 동쪽'처럼 나타낼 수도 있고, 뒤에 나올 좌표를 이용하여 나타낼 수도 있다.

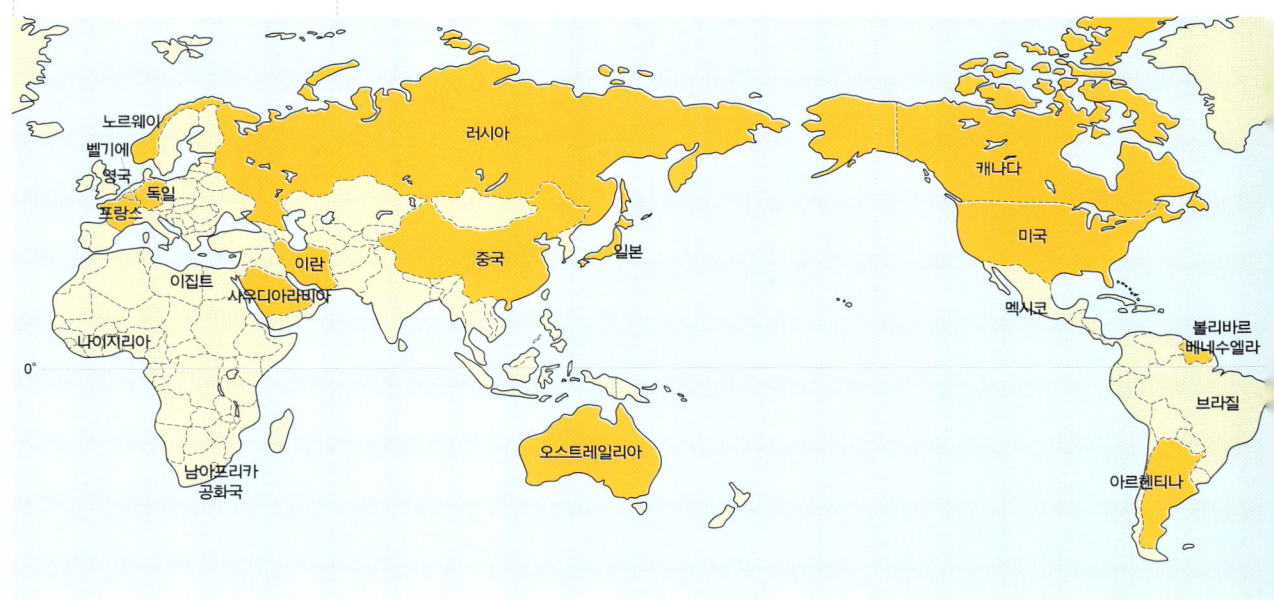

▲ 세계 여러 나라의 위치

사실 세계지도에서 대한민국의 위치를 찾기가 쉽지는 않아요. 대한민국의 크기가 작을 뿐만 아니라 세계에는 수많은 나라들이 있기 때문이지요. 그러므로 대한민국의 위치를 설명하는 일 또한 쉬운 일이 아닙니다. 그렇다면 어떻게 설명해야 다른 사람들이 대한민국의 위치를 빠르고 정확하게 찾을 수 있을까요?

다음 쪽의 세계지도를 살펴보아요. 5개의 큰 바다와 6개의 큰 땅에 이름이 붙어 있는 것을 확인할 수 있습니다. 이것을 보통 '5대양* 6대주*'라고 하는데, 5개의 큰 바다는 태평양, 대서양, 인도양, 남극해, 북극해를 말하고, 6개의 큰 땅은 아시아, 유럽, 아프리카, 남아메리카, 북아메리카, 오세아니아를 말합니다. 이 5대양 6대주를 중심으로 우선 대강의 우리나라 위치를 설명할 수 있지 않을까요? 먼저 대한민국은 어느 땅

대양
세계의 해양 가운데에서 특히 넓은 해역을 차지하는 대규모의 바다

대주
아주 넓은 육지

▲ 5대양 6대주가 표시된 세계지도

에 속해 있나요? 대한민국은 아시아 대륙의 동쪽 끝에 있지요. 그렇다면 어느 바다 가까이에 있을까요? 대한민국은 남동쪽으로 태평양을 바라보는 위치에 있다고 할 수 있습니다. 이처럼 5개의 큰 바다와 6개의 큰 땅을 통해 대한민국의 대강의 위치를 설명할 수 있습니다. 그럼 이제 다른 나라를 찾는 법도 연습해 볼까요?

다음에서 설명하는 내용은 어느 나라를 말하고 있는지 앞의 세계지도에서 찾아보아요.

- 서쪽은 태평양, 동쪽은 대서양과 만나요.
- 북아메리카 대륙에 속해요.
- 캐나다와 멕시코 사이에 있어요.

어느 나라의 위치에 대한 설명인가요? 세계지도에 그대로 적용해 보면 '미국'이란 나라에 대해 설명하고 있음을 알 수 있을 것입니다.

이제 여러분은 5개의 큰 바다와 6개의 큰 땅을 중심으로 한 나라의 대강의 위치를 설명할 수 있게 되었어요. 하지만 세계지도에는 미국이나 캐나다, 브라질, 러시아, 중국처럼 땅이 큰 나라도 있지만, 너무 작아서 찾기 어려운 나라도 많이 있답니다. 또 아시아의 동쪽 끝에 있고, 남동쪽으로 태평양과 만나는 나라는 우리나라 말고도 일본도 있어요. 앞에서 대강의 위치라고 말한 것도 이런 이유 때문입니다. 과연 이럴 때는 나라의 위치를 어떻게 설명해야 할까요?

위도와 경도로 찾기

위도와 경도를 이용하면 위치를 정확하게 나타낼 수 있습니다. 위도는 적도를 중심으로 남북으로 얼마나 떨어져 있는지를 나타내는 위치이며, 각도(°)로 나타냅니다. 경도는 영국 런던의 그리니치 천문대에 그어진 본초자오선*에서 동서로

본초자오선
지구의 경도를 결정하는 데 기준이 되는 선

우와~
레이저 빛이 가리키는 방향이 본초자오선이래.

▲ 본초자오선

▲ 그리니치 천문대의 모습

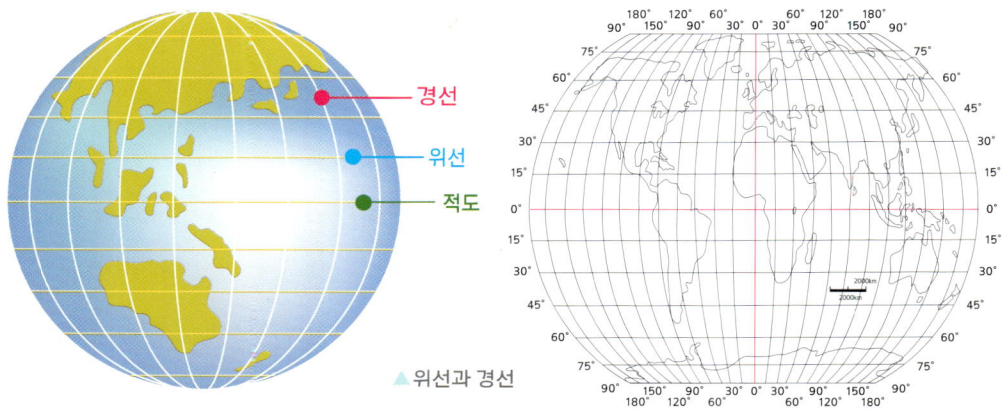

▲ 위선과 경선

얼마나 떨어져 있는지를 나타내는 위치이며, 각도(°)로 나타냅니다. 또 위도를 나타내는 선을 위선, 경도를 나타내는 선을 경선이라 합니다.

그럼 지구본과 세계지도를 통해 위도와 경도에 대해 좀 더 알아볼까요?

위도와 경도가 표시된 지구본과 세계지도를 보면 어느 나라나 어떤 장소도 모두 위선와 경선이 만나서 생긴 사각형 안에 들어 있음을 알 수 있습니다. 그러니 위도와 경도를 이용하면 지구상의 어떤 위치도 수치로 나타낼 수 있지요. 예를 들면 서울시청은 북위 37°33′58.87″*, 동경 126°58′40.63″에 있습니다. 대단히 정밀해 보이죠? 앞에서 5대양 6대주를 이용해서 대강의 위치를 찾았을 때보다 훨씬 더 정확하다고 할 수 있는 것도 이런 이유 때문입니다.

그럼 위도와 경도를 이용하면 우리나라의 위치는 어떻게 나타낼 수 있을까요? 다음의 지도를 통해 알아보아요.

먼저 가로선인 위도를 기준으로 살펴보면, 우리나라는 북한을 포함해서 대략 33과 43이라는 숫자 사이에 위치하고 있

37°33′58.87″
'37도 33분 55.87초'라고 읽는다.

음을 알 수 있습니다. 여기서 잠깐! 숫자 33과 43의 의미는 무엇일까요? 우선 위도에 대해 알아보죠. **위도는 적도를 기준으로 0°~90°까지 구분**합니다. 북반구*의 위도를 '북위'라 하고, 남반구의 위도를 '남위'라고 부릅니다. 그러면 위도로 우리나라의 위치를 어떻게 나타낼 수 있을까요? 우리나라는 적

북반구
적도를 경계로 지구를 둘로 나누었을 때의 북쪽 부분

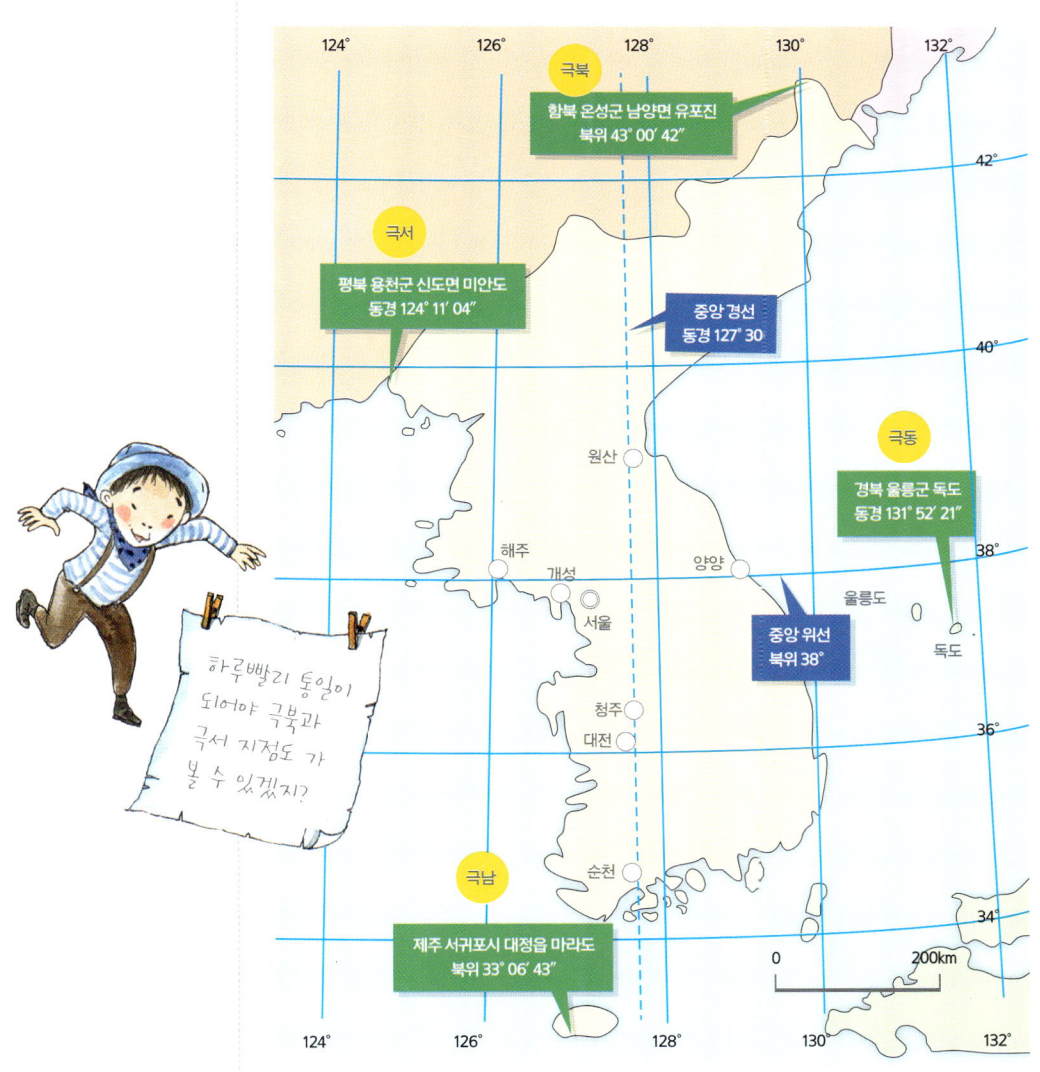

▲ 위도와 경도로 표시한 우리나라의 위치

도를 중심으로 북쪽에 있기 때문에 북위에 해당합니다. 그리고 일정한 간격으로 그은 가로선을 따라 북쪽으로 오면 우리나라는 대략 33과 43 사이에 들어 있음을 확인할 수 있습니다. 따라서 위도를 기준으로 우리나라는 북위 33°에서 43° 사이에 있다고 할 수 있습니다.

다음으로 세로선인 경도를 기준으로 우리나라의 위치를 살펴보면, 우리나라는 124와 132이라는 숫자 사이에 위치하고 있음을 알 수 있습니다. 경도는 영국 그리니치 천문대*의 **본초자오선을 기준으로 지구 둘레를 360°로 나누어** 동쪽으로 180°까지를 '동경'이라 하고, 서쪽으로 180°까지를 '서경'이라 부릅니다. 그러면 경도로는 우리나라의 위치를 어떻게 나타낼 수 있을까요? 우리나라는 그리니치 천문대의 동쪽에 있기 때문에 동경에 해당합니다. 그리고 일정한 간격으로 그은 세로선을 따라 동쪽으로 오면 우리나라는 대략 124°와 132° 사이에 있음을 확인할 수 있습니다. 따라서 경도를 기준으로 우리나라는 동경 124°에서 132°도 사이에 위치하고 있다고 할 수 있습니다. 결국 위도와 경도로 나타내면 우리나라는 북위 33°와 43° 사이, 그리고 동경 124°와 132° 사이에 있습니다.

그런데 여기서 한 가지 궁금증이 생기는데요. 우리나라의 위치를 나타낼 때 어디를 기준으로 동경의 시작과 끝, 북위의 시작과 끝을 정할까요? 즉 동서남북 방향으로 지도에서 우리나라의 끝은 어디일까요? 앞의 지도에서 '극동', '극서', '극남', '극북'이라고 표시된 곳이 바로 우리나라의 끝 지점입니다. 이중에는 여러분이 이미 알고 있는 곳도 있겠지만 '여기

그리니치 천문대
영국의 런던 동남부 템스 강 오른쪽 언덕에 있는 도시인 그리니치에 있는 천문대. 이곳을 지나는 경선을 본초자오선으로 정하였다.

가 정말 우리나라의 끝인가?'라는 생각이 들 정도로 낯선 곳도 있을 것입니다.

우리나라의 4극 지역에 대해 살펴보면, 가장 동쪽인 극동은 여러분도 잘 알고 있는 경상북도 울릉군 독도*이고, 가장 남쪽은 제주도 남쪽에 있는 섬인 서귀포시 대정읍 마라도*입니다. 다음으로 극서와 극북은 북한 땅에 있습니다. 가장 서쪽인 극서는 평안북도 용천군의 마안도이고, 가장 북쪽인 극북은 함경북도 온성군 유포진 부근입니다.

이처럼 위도와 경도를 이용하면 어느 나라, 어느 곳의 위치든 정확하게 나타낼 수 있습니다. 그런데 이렇게 위치를 나타내다 보면 우리나라와 위도가 비슷한 나라, 우리나라와 경도가 비슷한 나라 등을 찾을 수 있지요. 즉 우리나라에서 동서남북으로 계속 나아가다 보면 만나게 되는 나라들을 알 수 있답니다. 어떤 나라들은 우리나라와 날씨가 비슷하고, 어떤 나라는 우리나라와 시간대가 같기도 하지요. 그 외에도 재미있는 현상들이 많습니다. 그럼 지금부터 세계지도를 이용하여 그런 나라를 찾아볼까요?

독도
경상북도 울릉군 독도리에 있는 화산섬. 비교적 큰 동도와 서도 두 섬 및 부근의 작은 섬들로 이루어져 있다. 면적은 0.187㎢.

마라도
제주도에서 남쪽으로 약 11km 떨어져 있으며, 제주특별자치도 서귀포시 대정읍 마라리에 속한다. 면적 0.3㎢, 해안선 길이 1.5 km

우리나라 옆에는 어떤 나라가 있을까?

우리나라와 위도가 비슷한 나라

다음 쪽의 지도는 우리나라와 위도가 비슷한 나라, 즉 우리나라에서 동쪽이나 서쪽으로 계속 나아가면 만날 수 있는 나

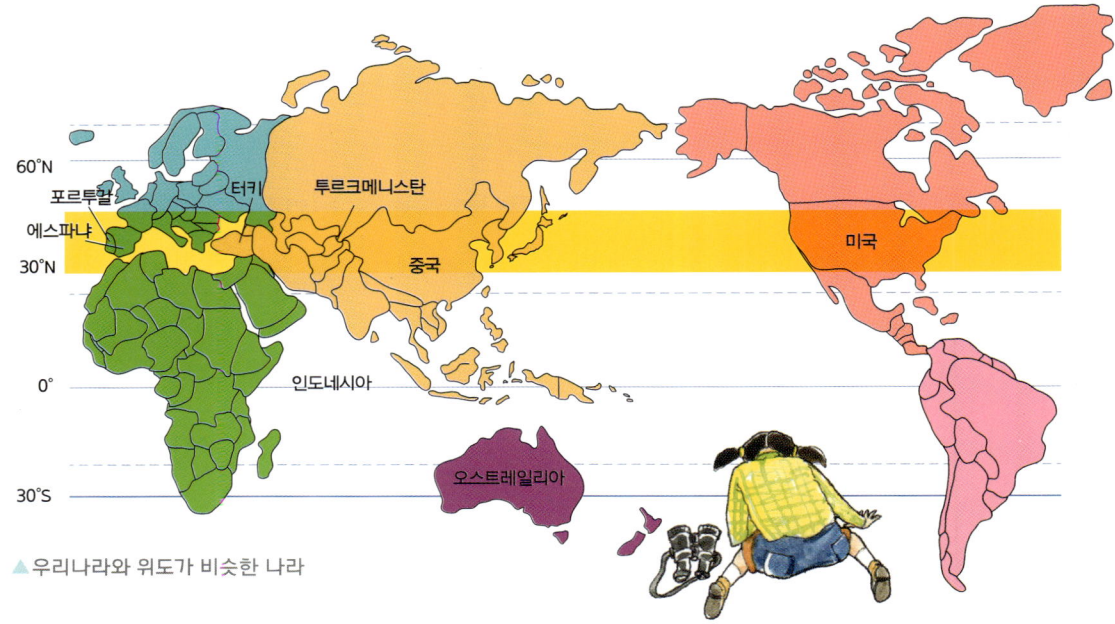

▲ 우리나라와 위도가 비슷한 나라

라들을 표시한 것입니다. 가까운 일본과 중국을 비롯하여 터키, 이탈리아, 포르투갈, 에스파냐, 그리스, 미국 등이 우리나라와 위도가 비슷하다는 것을 확인할 수 있습니다. 물론 중국이나 미국은 땅이 아주 크기 때문에 나라의 일부분이 우리나라의 위도가 비슷한 경우입니다.

한편 **위도가 비슷하면 날씨나 기후가 비슷**할 수 있고, 그에 따른 생활 방식도 비슷할 수 있다는 것을 뜻합니다. 즉 우리나라처럼 봄·여름·가을·겨울의 사계절이 뚜렷하고 계절에 맞춰 다른 옷을 입으며, 계절에 따라 먹는 음식도 다릅니다. 극지방이나 적도 지방에 사는 사람들의 모습을 생각해 보아요. 극지방은 1년 내내 춥고, 적도 지방은 1년 내내 덥기 때문에 입는 옷이나 먹는 음식 등이 크게 달라지지 않습니다. 사계절이 뚜렷하지 않기 때문이지요. 하지만 우리나라와 위도가 비슷해도 날씨나 생활 방식 등은 다를 수 있습니다. 나라마다 자연 환경이 다르고, 나라마다 오랜 역사를 통해 형성

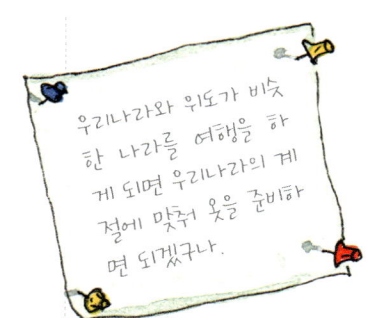

우리나라와 위도가 비슷한 나라를 여행을 하게 되면 우리나라의 계절에 맞춰 옷을 준비하면 되겠구나.

된 그들만의 생활 방식이 있기 때문입니다.

우리나라와 경도가 비슷한 나라

아래 지도는 우리나라와 경도가 비슷한 나라, 즉 우리나라에서 남쪽이나 북쪽으로 계속 나아가면 만날 수 있는 나라들을 표시한 것입니다. 북쪽에 있는 북한과 중국, 러시아를 비롯하여 남쪽으로 필리핀, 인도네시아, 오스트레일리아 등이 우리나라와 경도가 비슷합니다. 물론 중국이나 러시아, 오스트레일리아와 같은 나라들은 땅이 매우 크기 때문에 나라의 일부분만 우리나라와 경도가 비슷합니다. 한편 우리나라와 **경도가 비슷하다는 것은 시간대가 비슷하다**는 것을 의미합니다. 지금 우리나라 시간이 오전 9시쯤이라면 거기도 오전

우리나라와 경도가 비슷하니 시간 차이가 별로 나지 않겠군. 전화할 일이 있으면 우리나라 시간을 고려해서 하면 되겠구나.

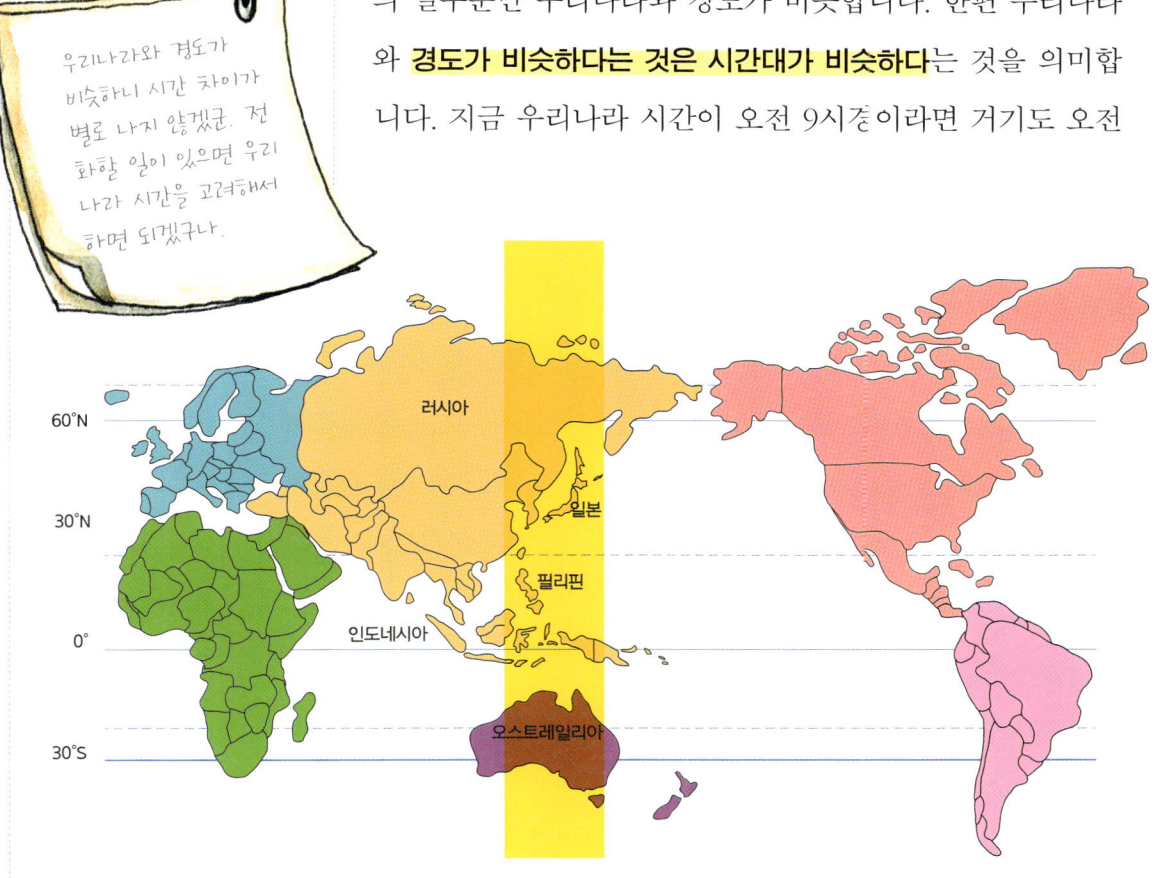

▲ 우리나라와 경도가 비슷한 나라

9시쯤 된다는 것입니다. 그러니 만약에 이들 나라에 살고 있는 사람들과 전화 통화를 한다면 우리나라 시간을 기준으로 생각해도 크게 문제가 없습니다. 혹시라도 낮에 전화를 했는데 전화 받는 사람이 살고 있는 그곳이 한밤중일 상황은 없으니까요.

세계의 여러 나라

세계에는 땅의 크기도 다르고, 위도와 경도도 다른 수많은 나라가 있습니다. 그럼 지금부터 땅 모양이 재미있게 생긴 나라들을 찾아봅시다.

길쭉길쭉 남북으로 긴 칠레

먼저 이 지도를 보아요. **남북으로 땅이 아주 긴 나라**가 있습니다. 바로 남아메리카 대륙의 서쪽 끝에 남북으로 길게 뻗어 있는 '칠레'입니다. 칠레는 동서 길이가 약 175km 정도에 불과하지만 남북 길이는 무려 4,300km 정도나 됩니다. 그러니 위도가 대략 남위 17°에서 56°에 이를 정도이죠. 재미있는 사실은 남북으로 땅이 너무 길어서 한 나라 안에 여러 가지 기후가 나타난다는 점입니다. 가장 북쪽은 아타카마 사막이 있

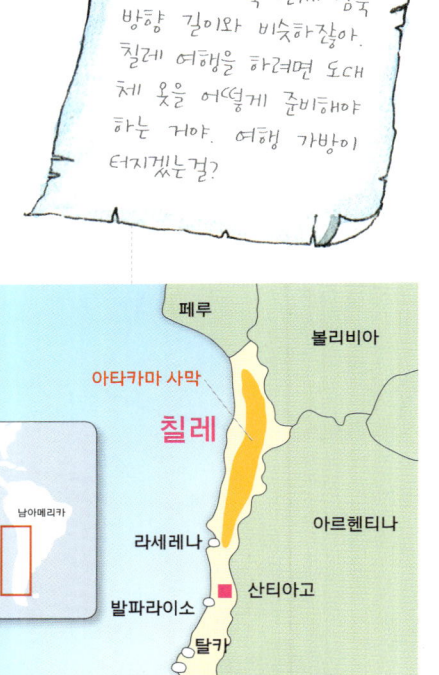

▲ 모양이 남북 방향으로 길쭉한 칠레

> 우와~ 엄청 길어. 거의 남아메리카 대륙 전체 남북 방향 길이와 비슷하잖아. 칠레 여행을 하려면 도대체 옷을 어떻게 준비해야 하는 거야. 여행 가방이 터지겠는걸?

지중해성 기후
여름에는 비가 적고 고온건조하며, 겨울에는 온난 다습한 기후

빙하
큰 얼음 덩어리가 강처럼 흐르는 것

는 건조한 사막지대인데 중앙으로 내려오면 기후가 따뜻하고 강수량이 중간 정도인 지중해성 기후*를 나타내고, 가장 남쪽에서는 빙하*까지 볼 수 있는 그야말로 다양한 기후를 모두 경험할 수 있는 나라입니다. 정말 놀랍죠? 여러분이 언젠가 칠레로 여행을 가게 된다면 가방 안에 사계절 옷을 모두 준비해서 떠나야겠지요.

 칠레가 남북 방향으로 아주 긴 모양의 땅을 가진 나라라면, 동서 방향으로 아주 긴 나라도 있고, 별 모양의 나라도 있으며, 장화처럼 생긴 나라까지 모양이 다양합니다.

반짝반짝 빛나는 별 모양의 프랑스

 아래의 그림은 유럽 대륙에 있는 프랑스입니다. 프랑스 국토의 모양에 어떤 특징이 있는가요? 앞에서 보았던 남아메리카의 칠레와 비교한다면 프랑스 국토는 동서남북으로 폭이 비슷하다는 것을 확인할 수 있습니다. 일부 지역이 조금씩

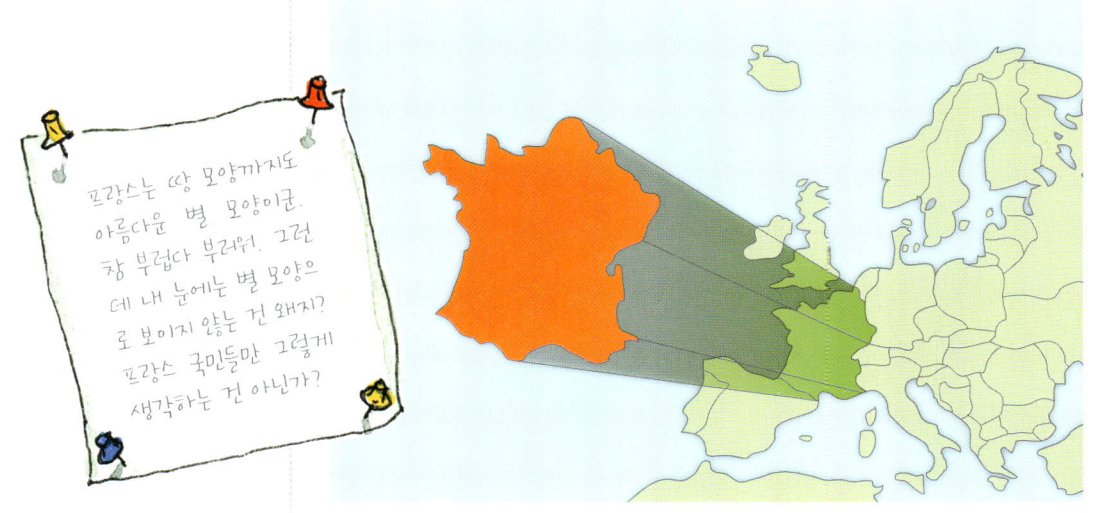

▲ 별 모양의 프랑스 지도

삐죽하게 튀어나와서 마치 별 모양을 보는 듯합니다. 여러분 눈에도 그렇게 보이나요? 예술과 패션의 나라로 유명한 프랑스는 국토의 모양조차도 아름다운 별 모양을 띠고 있네요.

다음은 우리에게 친숙한 나라인 미국의 땅 모양을 한번 살펴보아요.

두 개로 갈라진 미국

아래 그림은 북아메리카 대륙에 위치하고 있는 미국을 나타낸 것입니다. 그런데 미국 국토의 모습이 크게 두 부분으로 표시되어 있는 것을 볼 수 있습니다. 그것도 가까운 곳이 아니라 캐나다를 거쳐 꽤 먼 거리에 자리 잡고 있어요. 어째서 국토가 이렇게 뚝 떨어져 있을까요? 바로 미국 땅에 속하는 '알래스카*'라는 지역 때문입니다. 캐나다 북서쪽에 있는 알래스카 지역은 원래 미국 땅이 아니었습니다. 알래스카는 원래 러시아 땅이었는데 미국이 이 땅을 구입하면서 지금과 같

알래스카
미국은 1867년 3월 30일에 러시아 황제에게 720만 달러 (요즘 가치로는 약 1억 1300만 달러)를 주고 샀다.

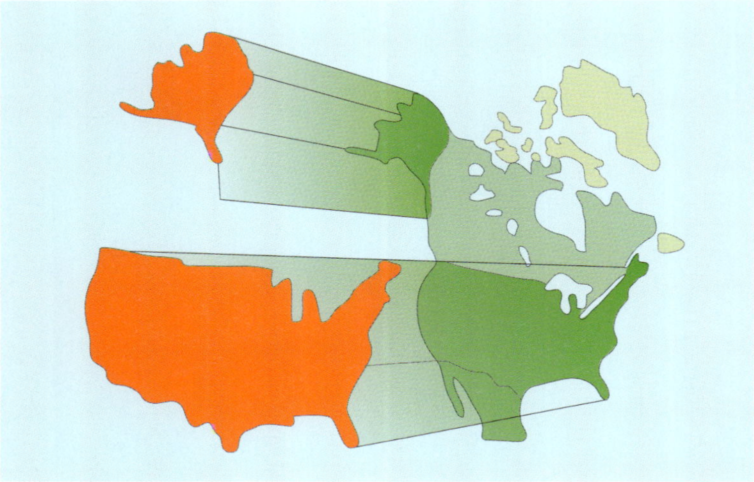

▲ 미국 지도

이 본토와 떨어져 있는 모습을 띠게 되었어요.

동쪽으로 삐죽 튀어나온 나미비아

아래 그림은 아프리카 남부 지역에 있는 '나미비아'라는 나라의 모습을 나타낸 것입니다. 얼핏 보기에도 국토의 모양이 참 재미있죠? 동쪽으로 제법 길게 삐죽 튀어나온 것이 보이나요? 무슨 사연이 있어서 이런 모양이 되었을까요? 그것은 다름 아닌 아프리카의 슬픈 역사와 관계가 있답니다. 유럽의 강대국들이 아프리카 대부분을 식민지*로 지배하던 시절, 나미비아 역시 그런 상황이었습니다. 독일과 영국이 번갈아 가면서 지배한 나미비아는 당시 내륙으로 좀 더 많은 땅을 확보하기 위한 강대국들의 싸움 때문에 지금과 같이 동쪽으로 삐

식민지
정치적·경제적으로 다른 나라에 예속되어 국가로서의 주권을 상실한 나라.

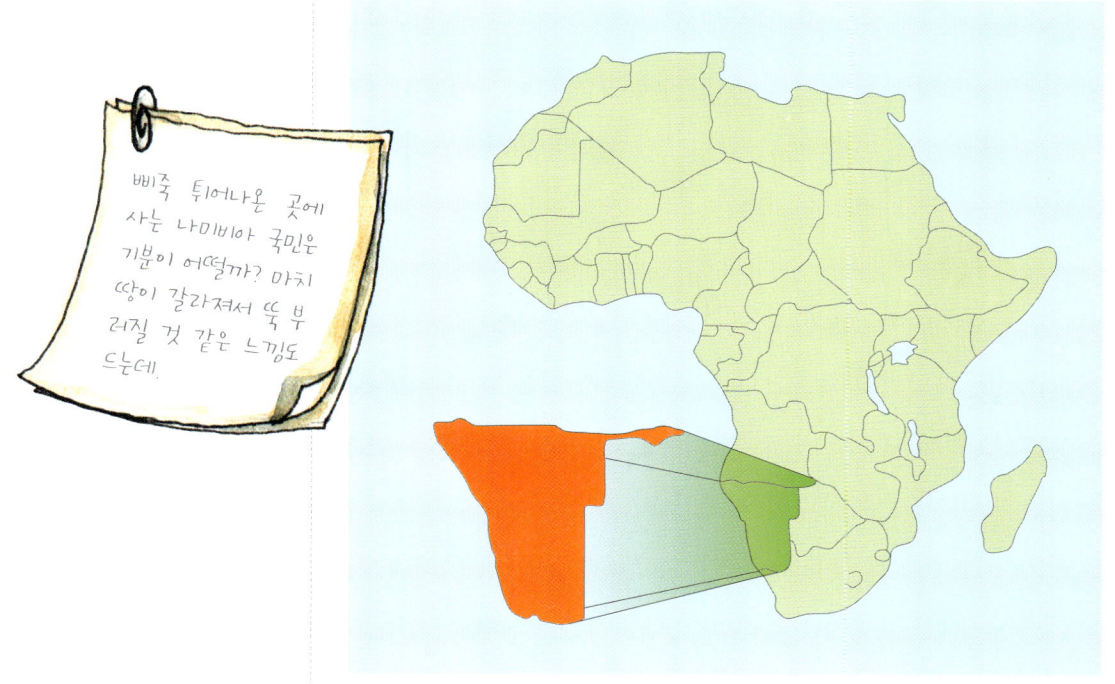

▲ 나미비아 지도

죽하게 튀어나온 모습을 띠게 되었습니다.

유럽에서 아시아까지 걸친 러시아

이번에는 세계에서 동서 방향으로 가장 길면서 땅의 크기도 가장 큰 나라입니다. 러시아는 땅이 얼마나 큰지 서쪽 끝은 유럽 대륙에 속해 있고, 동쪽 끝은 아시아 대륙에 속합니다. 그래서 러시아는 지역에 따라 시간대가 다릅니다. 유럽 대륙에 속하는 러시아 땅의 시간이 오전 9시일 때 아시아 대륙에 속하는 동쪽 끝은 벌써 오후 3시쯤 되니까요.

▲ 땅이 넓은 러시아

어디까지가 자기 나라 땅인지 알 수 없을 만큼 큰 러시아가 있다면, 어디에 있는지 찾기가 힘든 자그마한 나라도 있답니다. 다음 지도에서 그런 나라들을 찾아보아요.

아주 작은 나라

다음 나라는 면적과 인구로 세계에서 가장 작은 독립국으로 알려진 '바티칸 시국*'입니다. 오른쪽에 있는 지도가 바티칸 시국의 전체 모습인데, 왼쪽에 있는 세계지도나 유럽 지도에서는 찾기가 정말 어려울 정도로 작습니다. 그리고 인구도 고작 800명 정도에 불과해요. 이런 바티칸 시국의 위치를 설명하려면 바티칸 시국을 품고 있는 나라인 이탈리아를 먼저 설명해야 해요. 바티칸 시국은 이탈리아의 수도인 로마 시내

시국
하나의 시만으로 이루어진 국가

▲ 세계지도와 유럽 지도에서 바티칸 시국의 위치   ▲ 바티칸 시국을 확대한 지도

에 있어요. 한 나라가 하나의 도시에 있는 시내에 있다니 얼마나 작은지 짐작이 가죠? 여러분이 다음에 이탈리아를 여행할 기회가 되면 로마에 들러 바티칸 시국을 함께 보는 것도 좋은 방법일 것입니다. 로마 시내에 들를 때 잠깐만 시간을 내면 되니까요.

다음 나라는 '안도라 공국*'입니다. 바티칸 시국처럼 세계지도와 유럽 지도에서는 찾기 어려울 만큼 작은 나라입니다. 인구도 8만 명이 좀 넘어요. 8만 명이면 우리나라에 있는 작

공국
중세 유럽에서, 큰 나라로부터 '공'의 칭호를 받은 군주가 다스리던 작은 나라

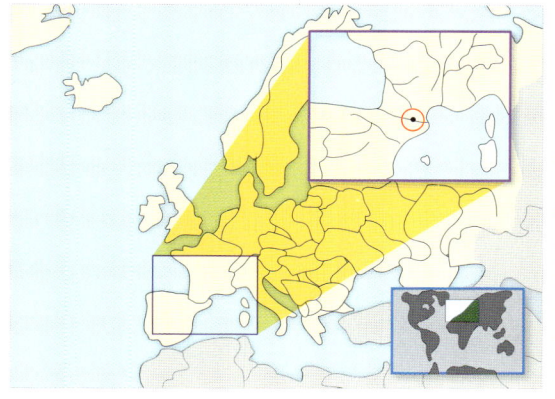

▲ 세계지도와 유럽 지도에서 안도라 공국의 위치

▲ 안도라 공국을 확대한 지도

은 시나 군 정도에 지나지 않는답니다. 안도라 공국의 위치는 에스파냐와 프랑스 사이에 있는 것으로 생각하면 쉽게 이해할 수 있어요. 한 나라가 이웃하고 있는 나라 사이의 국경선에 위치하고 있다니……. 역시 얼마나 작은 나라인지 상상이 가죠?

섬으로 이루어진 나라

다음은 수많은 섬으로 이루어진 나라인데 과연 어느 나라일까요? 바로 '인도네시아*'입니다. 인도네시아는 세계에서 섬이 가장 많은 나라로 알려져 있습니다. 물론 사람이 살지 않는 무인도가 많긴 하지만 무려 13,000개 이상의 섬이 있다고 합니다. 인도네시아 외에도 필리핀, 일본 등이 많은 섬으로 이루어진 나라입니다. 우리나라는 섬나라는 아니지만 3,000개 이

인도네시아
태평양 서남쪽 말레이 제도의 대부분을 차지하는 공화국. 세계 최대의 도서 국가이며, 동서 교통의 요지에 위치하기 때문에 역사적으로 각 방면에 있어서 문화적·민족적인 교류와 이동이 가장 두드러지게 나타나는 지역이다. 1945년 네덜란드에서 독립하였다. 석유, 주석, 고무, 니켈, 목재 따위의 자원이 풍부하며, 주민은 대부분 말레이인으로 이슬람교를 믿는다. 수도는 자카르타, 면적은 201만 9358㎢.

▲ 많은 섬으로 이루어진 인도네시아

상의 크고 작은 섬이 있을 만큼 섬이 많은 나라입니다.

땅의 크기가 우리나라와 비슷한 나라

다음 나라들의 공통점은 무엇일까요? 앞에서 우리는 땅의 모습이 특이한 나라를 살펴보았어요. 우리나라보다 엄청 큰 나라, 조그마한 나라, 동서로 긴 나라와 남북으로 긴 나라까지 말입니다. 여기서 잠깐! 우리나라와 땅의 크기가 비슷한 나라도 있겠죠? 어떤 나라가 있는지 지금부터 살펴볼까요?

먼저 남한과 크기가 비슷한 나라에는 포르투갈과 헝가리가 있습니다. 남한만의 면적이 99,392km²인데, 포르투갈은 약 92,090km²이고, 헝가리는 약 93,030km² 정도입니다. 또 남북

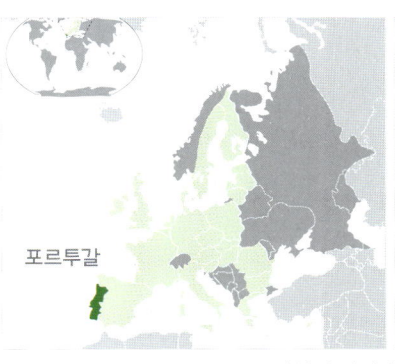

▲ 남한과 면적이 비슷한 나라

▲ 남북한을 합친 것과 면적이 비슷한 나라

한을 모두 합친 면적*을 기준으로 하면 영국, 루마니아 등이 우리나라와 비슷합니다.

그런데 우리나라와 땅의 크기가 비슷한 나라들의 인구는 어떨까요? 땅 크기가 비슷하면 인구도 비슷할까요? 아니면 우리나라보다 많거나 적을까요? 집을 짓고 살 수 있는 땅 크기가 비슷하니까 사람 수도 비슷할 거라고요? 여기에 대해서는 다음 장에서 자세히 알아보기로 해요.

황금이 널린 해안

빨갛게 표시된 서아프리카 해안 지역을 자세히 살펴보아요. 특히 해안에 붙은 이름을 보아요. 후추 해안, 곡물 해안, 노예 해안, 상아 해안, 황금 해안 등등. 이름이 독특하지 않아요? 도대체 서아프리카 해안에 왜 이런 이름이 붙었을까요?

후추 해안과 곡물 해안은 아프리카 기니 만 근처에 있는 라이베리아와 코트디부아르 국경 지역의 해안을 말합니다. 15세기 이후 유럽의 상인들이 '낙원의 곡물'이라고 부르던 기니의 후추를 즐겨 찾던 데서 붙은 이름입니다. 다음으로 상아 해안이어요. 여러분! '상아'가 뭐죠? 위턱에 나서 입 밖으로 길게 뻗어 있는 코끼리의 엄니를 말합니다. 아마 여러분도 한 번쯤은 보았을 것입니다. 상아 해안은 15세기 후반에 유럽의 강대국들이 상아를 얻기 위해 이곳으로 몰려들면서 상아 거래의 중심지가 되었던 데서 붙은 이름입니다.

이번에는 노예 해안의 기원에 대해 알아볼까요? 노예해안은 서아프리카의 토고에서 나이저 강* 하구에 이르는 해안 지대를 말하는데, 16세기 이후 이곳에서 노예 무역이 활발하

남북한 합친 면적
219,140㎢

남북한 합친 인구
약 7300만 명

나이저 강
기니 고원에서 시작하여 말리와 니제르를 지나 베냉의 국경을 거쳐 나이지리아에서 바다로 흘러든다. 아프리카에서 나일 강과 콩고 강에 이어 세 번째로 긴 강이다. 길이는 4180km이다.

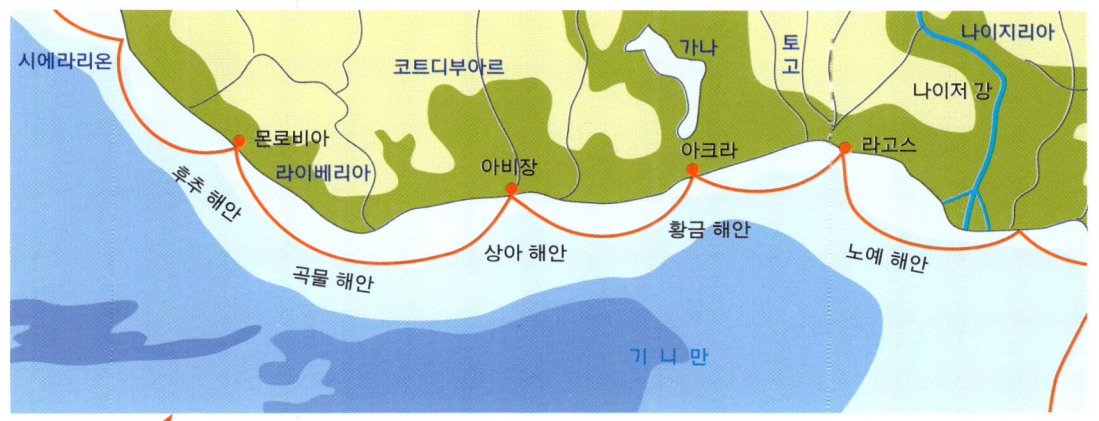

▲ 서아프리카 해안의 독특한 지명

게 이루어진 데서 붙은 이름입니다. 우리는 아무런 느낌 없이 노예 해안이란 말을 사용하지만 그 당시에 고통을 받으며 다른 곳으로 팔려간 사람들을 생각하면 슬픈 역사의 한 부분임에 틀림없어요.

마지막으로 황금 해안의 유래에 대해 알아보아요. 역시 서아프리카 기니 만의 북쪽 해안으로 '가나공화국'의 해안 지대를 말합니다. 황금 해안의 유래는 15세기 포르투갈 선교사들의 이야기로 거슬러 올라갑니다. 포르투갈 선교사들이 이곳에 처음 도착했을 때 해변에 수많은 황금이 널려 있었어요. 이후 포르투갈 사람들이 이곳에서 금을 채취해 가면서 유럽인들 사이에 '황금 해안'으로 알려졌답니다. 당연히 프랑스와 영국을 비롯한 유럽의 강대국들은 금을 얻기 위해 이곳으로 몰려들어 오랫동안 다툼을 벌였어요.

이처럼 서아프리카 해안의 지명 속에 아프리카 사람들의 슬픈 역사가 담겨 있지만, 그때나 지금이나 아름다운 곳임에는 틀림없습니다.

이름에 색깔이 들어가는 바다

세계지도를 좀 더 자세히 살펴보면 이름이 재미있는 바다들이 있답니다. 이름에 색깔이 들어 있는 바다입니다. 그럼 진짜로 이름대로 바다가 빨갛고 누렇고 검고 흴까요? 지금부터 바다 이름에 담긴 의미와 색깔의 관계에 대해 알아보아요.

먼저 우리나라의 바다인 '황해'부터 알아보아요. 황해는 실제로 바다가 누런색을 띠고 있는 것으로 알려져 있는데, 그 이유는 바로 중국의 황하 때문입니다. 중국 대륙에서 홍수가 나면 황하는 많은 양의 흙을 바다로 몰고 옵니다. 이 흙 때문에 바다가 누렇게 보입니다.

▲ 이름에 색깔이 들어가는 바다

다음으로 러시아 북쪽에 위치하고 있는 '백해'는 글자 그대로 바다가 하얄 것 같은데, 이렇게 불리는 이유는 뭘까요? 북극 지방에 있다는 걸 생각하면 당연하겠죠? 백해는 대부분의 지역이 얼음으로 덮여 있기 때문에 바다가 하얗게 보일 수밖에 없습니다. 그러니 하얀 바다라는 의미의 백해라 불리는 것 같습니다.

　이번에는 믿기 어려운 '홍해'와 '흑해'라는 바다에 대하여 알아보아요. 우선 홍해는 아프리카 대륙과 아라비아 반도 사이에 있는 좁고 긴 바다입니다. 그런데 어째서 붉은 바다란 의미의 홍해라는 이름이 붙었을까요? 그것은 이 지역에 적조 현상이 자주 일어나기 때문입니다. 즉 붉은색을 띠는 동물성 플랑크톤이 대량으로 발생하는 적조 현상 때문에 바다가 붉게 보입니다. 그렇지만 평소에는 바다가 파랗겠죠?

　마지막으로 '흑해'입니다. 정말 바다가 검게 보이기 때문에 그렇게 이름을 붙였을까요? 생각만 해도 약간 무서운 생각이 드는 이름입니다. 흑해는 깊이가 약 200m 정도 되는 곳에 산소가 부족한 층이 있는데, 이곳에는 특별한 종류의 박테리아만 살 수 있어요. 이 박테리아가 죽으면 물 빛깔을 검게 만드는 기체가 발생하는데, 이 기체 때문에 바다가 검게 보인다고 합니다.

백해의 바다는 하얗다.

홍해의 바다는 파랗다.

03. 인구로 본 세계, 세계지도

인구로 본 세계, 세계지도

사람이 많이 모여 사는 곳

우리나라와 크기가 비슷한 나라들의 인구, 인구밀도*는?

2장에서는 세계 여러 나라들의 위치와 모양, 크기 등에 대해 살펴보았어요. 또 우리나라와 땅 크기가 비슷한 나라들에 대해서도 알아보았어요. 그럼 그들 나라의 인구는 어떨까요? 결과부터 말하자면, 땅 크기가 비슷하다고 해서 인구도 비슷한 건 아닙니다. 먼저 다음의 세계지도를 보아요.

오른쪽 지도를 보면, 남한과 면적이 비슷한 포르투갈과 헝가리 모두 인구가 대략 1,000만 명 정도입니다. 남한의 인구가 대략 4,800만 명이 넘으니까, 우리나라는 그들 나라보다 인구가 4배 이상은 많은 셈이죠. 면적은 비슷한데 인구가 4배 이상이나 많다니 정말 놀랍지 않나요? 그렇다면 거기와 우리나라의 실제 모습은 어떻게 다를까요? 한번 상상해 보세요. 비슷한 땅 크기에 사람은 4배 이상 많으니 우리나라는 가는 곳마다 사람들로 북적이고, 포르투갈이나 헝가리는 여유가 많을까요? 아니면 거기나 우리나라 모두 몇몇 도시에만 사람

인구밀도
일정한 지역의 단위 면적에 대한 인구수의 비율. 보통 1㎢ 안의 인구수로 나타낸다.

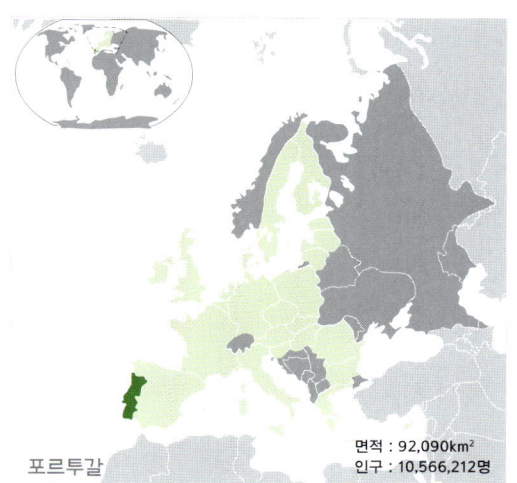
포르투갈
면적 : 92,090km²
인구 : 10,566,212명

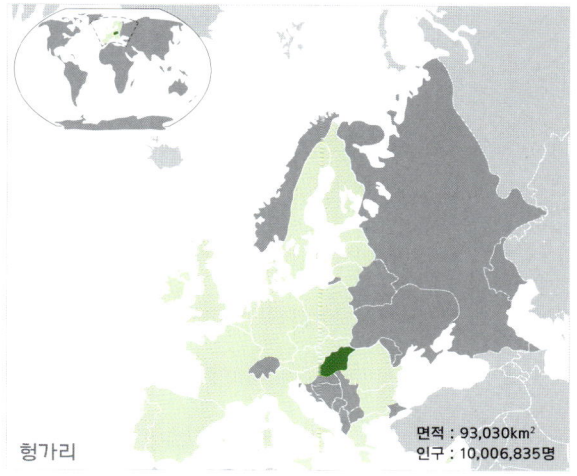
헝가리
면적 : 93,030km²
인구 : 10,006,835명

▲ 우리나라와 땅 크기가 비슷한 나라

들로 붐비고, 그 외의 지역은 한가롭거나 여유가 넘칠까요? 어쨌든 나라 안 전체를 직접 살펴보기란 매우 어려워요. 하지만 통계 자료를 통해 어느 곳에 많이 모여 사는지, 어느 곳에 사람들이 별로 없는지에 대해서는 알 수가 있답니다. 다시 말하면 '인구밀도', 즉 일정한 면적 안에 살고 있는 사람들의 수를 통해 인구가 얼마나 복잡하게 몰려 있는지를 알 수 있답니다. 여기서 잠깐! '인구밀도'라는 말을 쉽게 설명하는 예를 하나 들어 볼게요.

 우선 버스 안에 있는 사람들의 모습을 떠올려 보아요. 매일 타는 똑같은 버스가 어떤 날은 복잡하지만 어떤 날은 텅 비어 있을 수도 있어요. 이때 복잡한 버스 안은 인구밀도가 높고, 텅 빈 버스 안은 인구밀도가 낮다고 합니다. 즉 같은 버스 공간 안에 있는 사람들의 수가 많고 적은 정도를 인구밀도라 생각하면 됩니다. 단지 사람들의 수가 많고 적은 정도를 버스 안이 아닌 일정한 기준의 공간 안으로 정한다는 점이 다를 뿐입니다. 인구밀도는 보통 1km²당 얼마나 많은 사람들이 있는지를 기준으로 나타냅니다. 예를 들어, A지역에는 1km² 안에 500명의 사람들이 살고 있고, B지역에는 1km² 안에 50명이 살고 있다면 A지역이 B지역보다 인구밀도가 '높다'*고 합니다. 이제 이해가 되었나요?

그럼 다시 나라 전체의 경우로 돌아가 보아요. 우리나라와 땅 크기가 비슷한 나라 중 우리나라보다 인구가 많은 나라는 우리나라보다 인구밀도가 높고, 적은 나라는 우리나라보다 인구밀도가 낮다고 생각하면 되겠죠? 좀 더 정확한 자료를 통해 확인해 볼까요?

높다
인구(인구수)는 '많다, 적다'라고 말하지만, 인구밀도는 '높다, 낮다'라고 말해야 합니다.

우리나라와 면적이 비슷한 나라들의 인구밀도

나라	인구	면적(km²)	인구밀도
포르투갈	10,566,212명	92,090km²	115명
헝가리	10,006,835명	93,030km²	108명
대한민국(남한)	48,422,644명	99,392km²	487명

2005년 7월 기준

위의 표를 보면, 포르투갈과 헝가리는 한국과 면적이 비슷하지만 인구밀도는 4분의 1밖에 안 된다는 것을 확인할 수 있습니다. 비슷한 공간에 4배나 많은 사람들이 살고 있는 우리나라! 비슷한 면적의 포르투갈이나 헝가리보다 인구밀도가 아주 높죠?

전 세계의 인구밀도 지도

여러분! 우리나라와 땅 크기가 비슷한 나라들의 인구밀도에 대해 알고 나니 전 세계 여러 나라들의 인구밀도에 대해 알아보고 싶지 않나요? 그럼 지금부터 세계 여러 나라들의 인구밀도에 대해 알아보아요.

이 세상에는 수많은 사람들이 살고 있어요. 중국이나 인도처럼 인구가 아주 많은 나라가 있는가 하면, 바티칸 시국이나 안도라 공국처럼 인구가 많지 않은 나라도 있답니다. 이렇게 다양한 세계 여러 나라의 인구를 점으로 찍어서 지도에 나타내면 어떤 모습일까요? 다음의 세계지도를 보면서 이야기해 보아요.

아래 세계지도는 세계 여러 나라들의 인구를 점으로 나타낸 것입니다. 빨간 점 하나는 인구 25만 명을 나타

우와~ 인구분포를 점으로 찍어서 나타내니까 중국과 인도밖에 보이질 않네. 이들 나라에 여행을 가게 된다면 정말 놀라운 일이 벌어질 것 같아. 사람에 파묻혀서 제대로 움직일 수는 있을까?

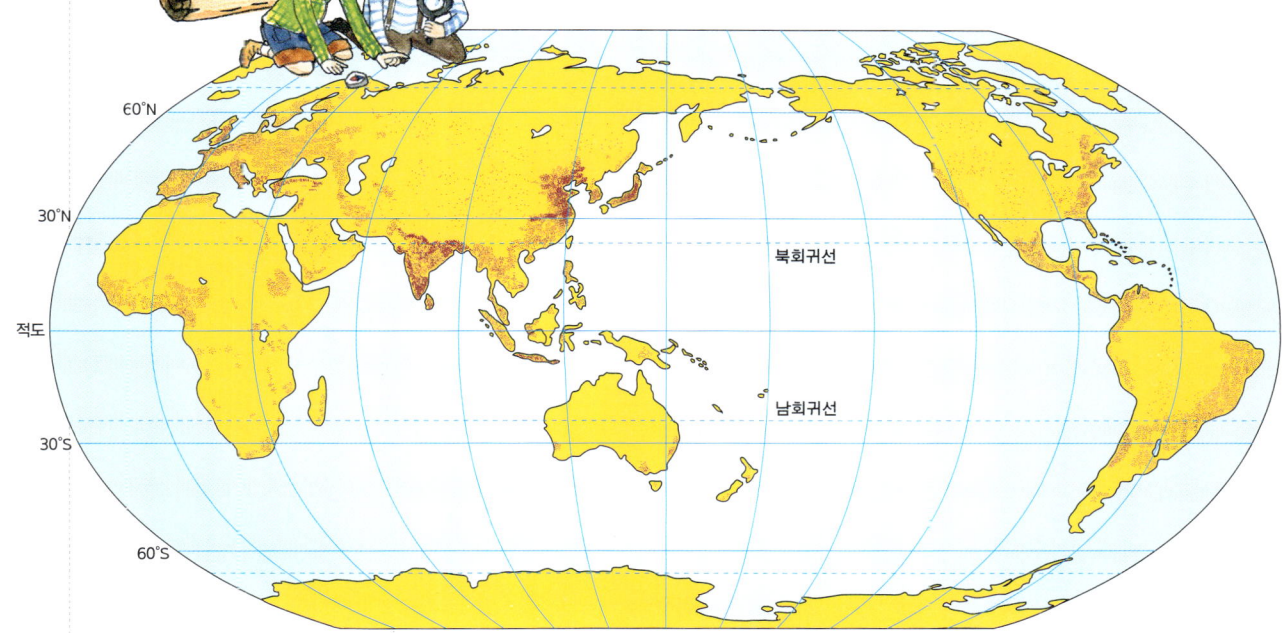

▲ 세계 여러 나라들의 인구 분포

내고 있습니다. 그렇다면 빨간 점이 빼곡하게 있는 지역은 어디인가요? 중국과 인도, 그리고 일본이 속해 있는 아시아 대륙이 가장 많고, 다음으로 유럽 대륙에 빨간 점이 많지요. 하지만 오세아니아*나 극지방, 아프리카와 남아메리카의 많은 지역들은 빨간 점이 그리 많지 않습니다. 인구가 상대적으로 적은 것이지요. 그렇다면 인구밀도가 높은 곳과 낮은 곳을 쉽게 알 수 있겠죠? 어느 대륙이 그리고 어느 나라가 인구밀도가 높고 낮은가요? 그렇습니다. 아시아 대륙은 빨간 점이 빼곡하게 있어서 일정한 지역 안에 많은 사람들이 살고 있음을 알 수 있습니다. 하지만 다른 대륙들은 땅 크기가 크게 차이가 없는데도 빨간 점이 아시아 대륙만큼 많지 않아요. 다음의 대륙별 면적과 인구 분포 자료를 통해서 확인해 보아요.

아래의 도표를 보면 아시아 대륙만이 면적에 비해 많은 사람들이 살고 있음을 알 수 있어요. 아시아 대륙의 크기가 차

오세아니아
6대주의 하나이며, 오스트레일리아, 뉴질랜드와 멜라네시아, 미크로네시아, 폴리네시아 등의 수많은 섬을 아우르는 대륙

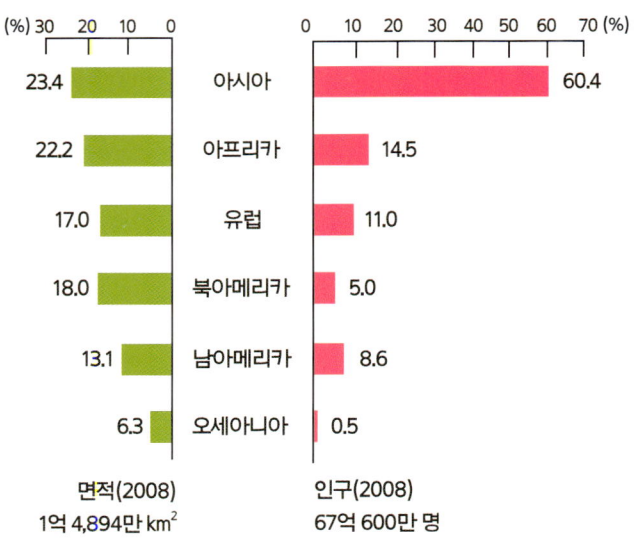

▲ 각 대륙의 면적과 인구가 세계에서 차지하는 비율

지하는 비율이 세계 전체 면적의 20%가 조금 넘지만 인구는 세계 전체의 60% 정도를 차지하고 있으니 얼마나 많은 사람들이 아시아 지역에 살고 있는지 짐작할 수 있겠죠? 그나마 다음으로 인구가 많은 아프리카 대륙도 아시아와 면적의 차이는 별로 없지만 인구는 약 4분의 1 정도에 지나지 않는답니다. 나머지 대륙들은 말할 것도 없고요. 이러한 현상은 숫자 자료를 통해서 좀 더 구체적으로 알 수 있답니다. 다음의 **세계 주요 나라들의 인구밀도***를 통해 확인해 보아요.

세계 주요 나라들의 인구밀도
바티칸 공국, 싱가포르, 홍콩같이 크기가 작은 도시 국가는 인구밀도가 훨씬 높아요.

세계 주요 나라들의 인구밀도

나라	인구밀도	대륙
방글라데시	1,002명	아시아
중국	636명	아시아
대한민국	487명	아시아
네덜란드	395명	유럽
벨기에	339명	유럽
일본	337명	아시아
인도	328명	아시아
스리랑카	305명	아시아
필리핀	292명	아시아
베트남	253명	아시아

(인구 1,000만 명 이상의 나라들 위주로 정리하였으며, 통계 자료마다 조금씩 차이가 있습니다.)

어때요? 정말 아시아 대륙의 나라들이 인구밀도가 높은가요? 우리나라를 비롯하여 중국, 필리핀, 일본, 방글라데시, 인도 등의 아시아 국가들이 대부분 인구밀도가 높은 것을 확인할 수 있어요. 그럼 여기서 **인구밀도를 기준으로 나타낸 세계지도**를 통해서도 한번 살펴봐야겠죠?

세계의 인구밀도

아래 세계지도에서 빨간색으로 표시된 부분은 사방 1km 안에 100명 이상의 사람이 살고 있는 지역들입니다. 역시 미국과 유럽의 일부 지역을 제외하면 대부분이 아시아 대륙에 몰려 있는 것을 확인할 수 있어요. 반면 노란색으로 나타난 부분은 사방 1km 안에 채 10명도 되지 않는 사람만이 살고 있는 곳을 의미합니다. 그런데 놀랍게도 그런 지역들이 지구촌 곳곳에 꽤 많이 있답니다. 극지방은 물론이고 미국 중서부, 중앙아시아, 중동*, 아프리카와 남아메리카, 그리고 호주 전 지역 등 쉽게 눈에 들어올 만큼 넓게 분포하고 있어요. 이

중동
유럽 사람의 입장에서 이란, 사우디아라비아, 이라크 등 서아시아 지역을 일컫는 말

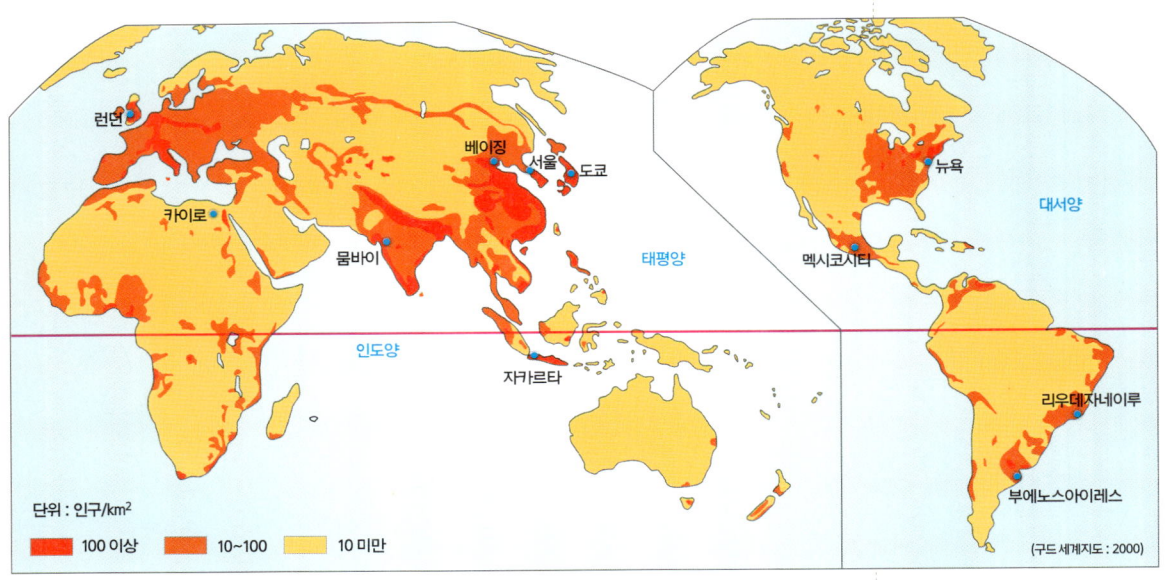

▲ 세계의 인구밀도

▲세계의 주요 도시 분포

것은 지구촌 사람들이 특정 지역에 얼마나 많이 몰려서 살고 있는지를 알 수 있게 해 주는 대목입니다. 인구 100만 명으로는 사람이 많다고 말하지도 못할 만큼 거대한 도시들이 많답니다. 인구 500만에서 심지어는 인구 1000만 명이 넘는 그런 거대 도시들 말입니다. 여기서 잠깐! 인구가 500만 명이나 1000만 명이 넘는 대도시를 세계지도에 표시하면 어떤 결과가 나타날까요? 인구밀도와 어떤 관계가 있을까요? 다음의 세계지도를 보며 좀 더 이야기해 보아요.

위의 지도는 **세계의 주요 도시 분포**를 나타낸 것인데, 빨간 네모는 인구 1000만 명 이상의 도시를 의미하고, 녹색 동그라미는 인구 500만 명 이상의 도시를 의미합니다. 어떤가요? 서울, 베이징, 도쿄, 뭄바이 등 한국, 중국, 일본, 인도 등 아시아 주요 나라들의 도시가 대부분인 것을 알 수 있죠? 즉 아시아 대륙의 많은 나라들이 인구밀도가 높았는데, 이는 그들 나라에 인구가 매우 많은 대도시들이 많았다는 것과 관계가 있음을 확인시켜 주는 증거라 하겠어요.

인구 숫자만으로 본 세계

그런데 만일 **인구 숫자만을 기준으로 해서 세계지도**를 그린다면 어떤 모습의 세계지도가 나타날까요? 즉 인구가 많을수록 땅의 크기를 크게 한다면 어느 나라가 가장 크게 나타날까요? 다음의 세계지도를 보아요.

모양이 참 재미있죠? "미국이나 중국, 인도가 저렇게 생긴 나라들이었어?", "방글라데시가 저

> 하하하. 인구수를 기준으로 세계지도를 그리니까 정말 재미있는 모습들이 나타나네. 그렇게 땅이 크다고 자랑하던 러시아랑 캐나다 그리고 호주는 어디 갔지? 방글라데시가 이렇게 크게 보이다니...... 우리나라도 만만치 않은걸. 통일이 되면 더욱 커 보이겠어.

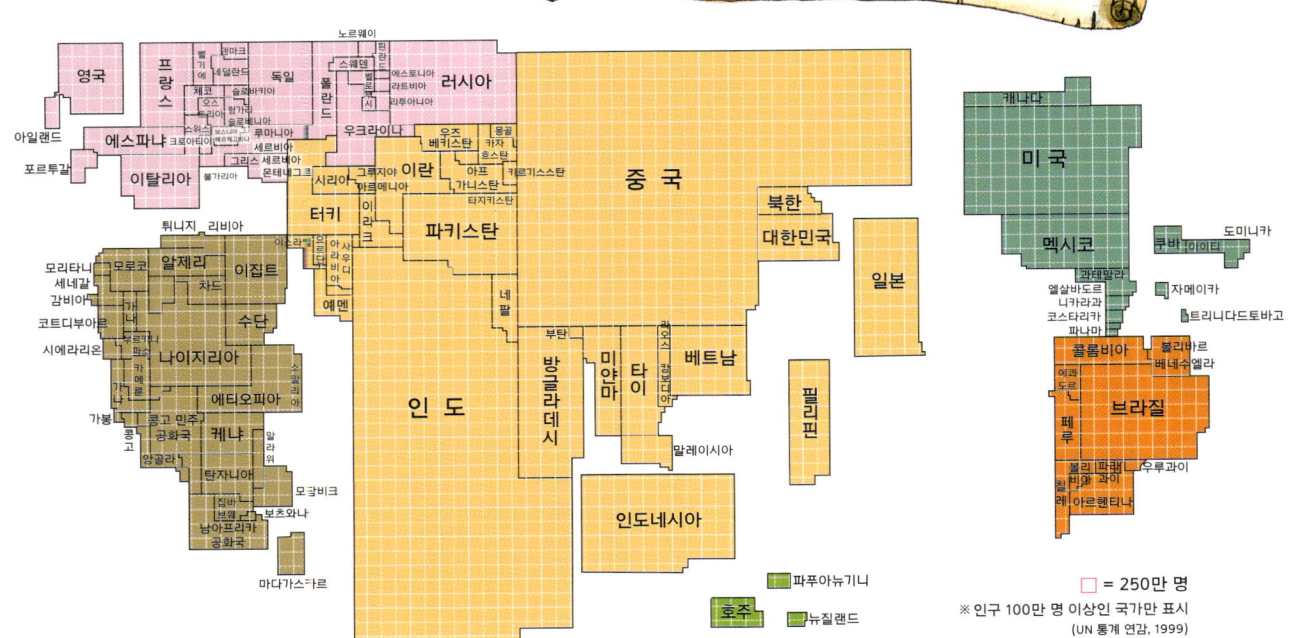

▲ 인구수를 기준으로 나타낸 세계지도

렇게 큰 나라였나?" "호주*랑 캐나다는 왜 저렇게 작지?"라는 말이 저절로 나올 것입니다. 또 인구 숫자만을 기준으로 하면 우리나라도 세계지도에서 꽤 눈에 띄게 나타난다는 사실을 확인할 수 있습니다. 더군다나 남한과 북한이 통일되었다고 상상해 보세요. 훨씬 더 커 보이는 나라가 될 것입니다.

이처럼 인구는 나라의 큰 힘이 될 수 있습니다. 중국과 인도를 보세요. 무려 10억 명이 넘는 사람들이 살고 있습니다. 이 수많은 인구 때문에 중국과 인도는 경제, 사회, 문화 등 다양한 분야에서 점점 더 세계의 중심이 되어 가고 있습니다. 중국이나 인도는 자기 나라 안에 이미 엄청나게 큰 소비 시장*이 형성되어 있기 때문에 안정적인 경제 성장이 가능하고, 어떤 노력이나 도전을 시도할 경우 그것을 뒷받침하거나 힘을 실어줄 수 있는 수많은 국민들이 있기 때문에 세계에서 그만큼 영향력이 커질 수밖에 없는 것입니다. 또한 자기 나라를 떠나 다른 나라에서 살게 될 경우, 중국이나 인도는 세계 어느 곳을 가더라도 자국민이 많이 거주*하고 있기 때문에 현지 적응이 쉽고, 정당한 권리도 잘 보장받을 가능성이 큽니다.

세계 속의 대한민국, 대한민국 속의 세계

그럼 우리나라의 경우는 어떨까요? 얼마나 많은 사람들이 해외에 나가 살고 있을까요? 다음의 지도를 통해 살펴보아요.

다음 쪽의 지도는 **세계 각국에 살고 있는 우리 동포들의 수**를 사람 모양의 크기 차이로 나타낸 것입니다. 가까운 중국과 일본을 비롯하여 미국, 캐나다, 유럽 등지에 우리 동포들이 많음을 알 수 있습니다. 또 사람 수의 차이는 있지만, 아프리카

호주
오스트레일리아를 달리 부르는 말

소비 시장
만들어진 상품이 팔리는 곳

거주
일정한 곳에 머물러 사는 것

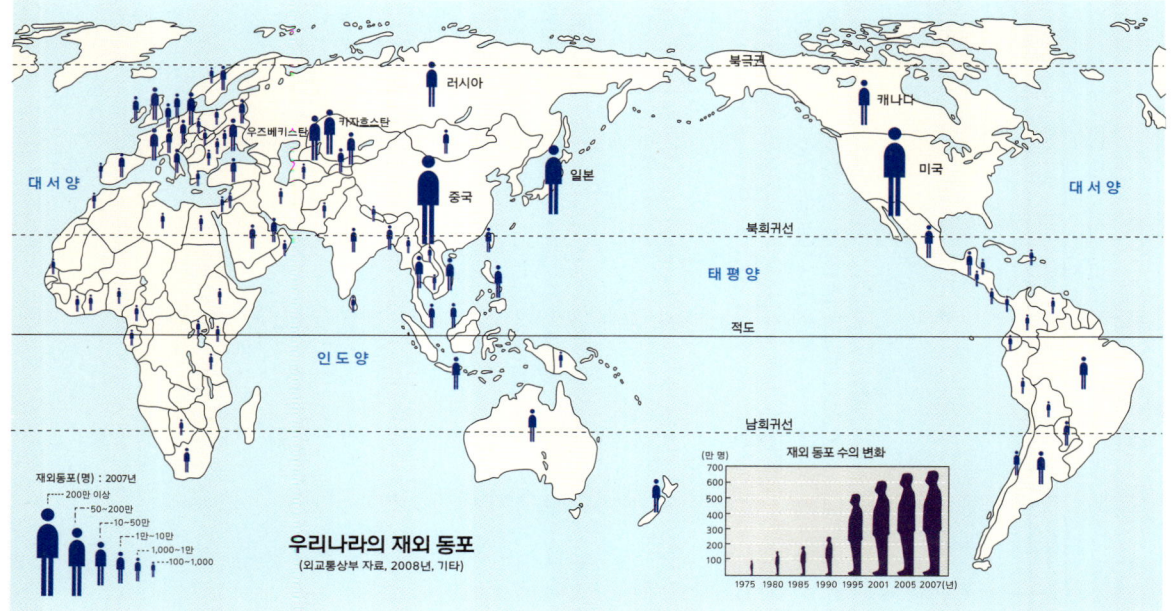

▲ 우리나라의 재외 동포

나 남아메리카, 그리고 오세아니아 지역까지 거의 대부분 지역에 우리나라 사람들이 살고 있음을 확인할 수 있습니다. 위의 지도에서 오른쪽 아래에 있는 보라색의 사람 모양이 보이나요? 1975년에는 약 100만 명 정도에 불과하던 숫자가 2007년에는 무려 700만 명 정도로 늘어난 것을 알 수 있습니다. 더욱이 이 수치는 해가 갈수록 점점 더 늘어나고 있습니다. 지구촌이 하나의 마을이 되고, 글로벌 사회니 다문화 사회*니 하는 시대의 흐름이 잘 반영된 것이라 하겠습니다. 여기서 잠깐! 그럼 반대로 우리나라에 와서 생활하는 외국인은 얼마나 될까요? 어느 나라에서 얼마나 많은 사람들이 우리나라로 올까요? 다음의 자료를 통해 차근차근 알아보아요.

오른쪽 위의 세계지도는 **우리나라에 머무는 외국인 현황**을

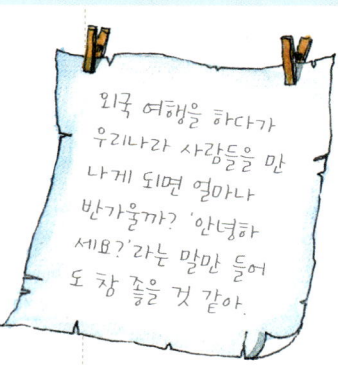

다문화 사회
여러 나라의 생활 양식이 섞여서 사는 사회

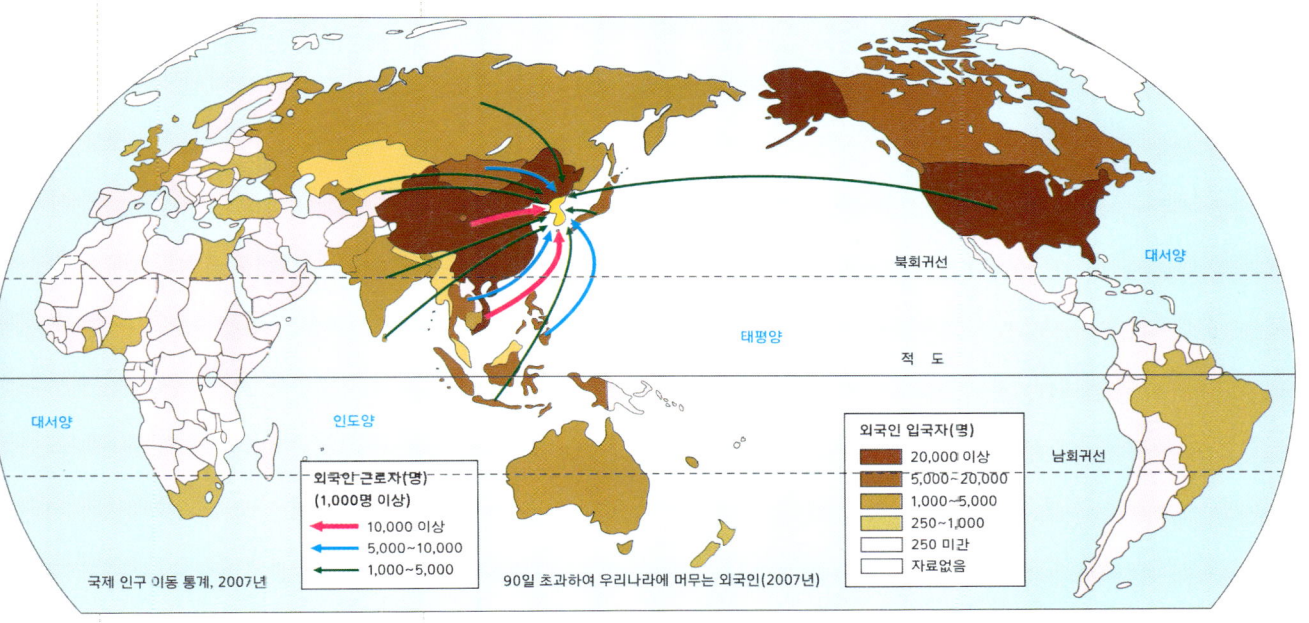

▲ 우리나라에 머무는 외국인

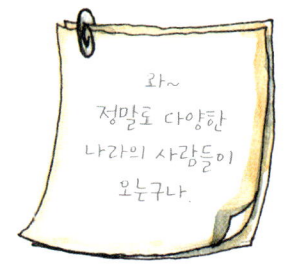

이주
원래 살던 지역을 떠나 다른 지역으로 옮겨서 사는 것

나타낸 것입니다. 우선 미국, 중국, 일본 등 우리와 지리적으로 가깝거나 우리와 관계가 깊은 나라에서 외국인이 많이 들어오는 것을 확인할 수 있습니다. 또 캐나다, 러시아, 인도, 호주, 동남아시아의 여러 국가들에서도 많이 옵니다. 우리나라로 들어오는 이유는 관광, 유학, 취업, 결혼으로 인한 이주* 등 다양하겠지만, 가장 주된 이유는 무엇일까요? 화살표의 움직임을 통해 알 수 있듯이 일자리를 찾아 우리나라로 오는 경우가 대부분일 것입니다. 실제 자료에서 살펴보아도 외국인의 절반 이상이 우리나라 산업 현장에서 일을 하고 있는 근로자라고 합니다. 그중에서도 빨간색 화살표로 표시된, 중국과 동남아시아 등지에서 들어오는 외국인 근로자의 수가 가장 많음을 알 수 있습니다. 아마 여러분도 평소 주위에서 일자리를 찾아 우리나라에 들어와 있는 중국 동포나 동남아시

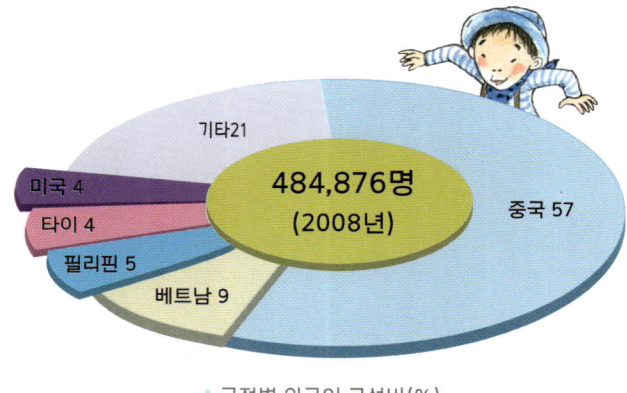

▲ 국적별 외국인 구성비(%)

아 사람들을 많이 보았을 것입니다. 이런 현상은 다음 자료를 통해 확인할 수 있습니다.

위의 원 그래프는 **우리나라에 들어와서 생활하고 있는 외국인들을 나라별로 분류**하여 나타낸 것입니다. 앞에서 이야기한 바와 같이 중국이 전체의 절반이 넘는 57%를 차지하고, 타이나 필리핀, 베트남과 같은 동남아시아 국가들이 18% 정도로 뒤를 잇고 있습니다. 주위에서 외국인들을 별로 본 적이 없다고요? 중국이나 일본 사람들은 우리나라 사람들과 비슷하게 생겨서 혹시 모르고 지나친 거 아닌가요? 그렇지 않으면 여러분이 살고 있는 지역에는 외국인 비율이 낮을 수도 있을 거예요. 아무래도 외국인들이 일하는 공장이나 유학생들이 공부하는 학교 등이 없는 곳이라면 외국인들을 보기가 쉽지 않을 수도 있으니까요. 그럼 우리나라의 각 지역마다 외국인들이 어느 정도 등록*되어 있는지 다음 자료를 통해 살펴보아요.

오른쪽의 자료는 **우리나라 각 지역에 등록되어 있는 외국인 수**를 나타낸 것입니다. 서울을 비롯한 수도권에 외국인들이 가장 많긴 하지만 나머지 다른 지역들에도 비교적 고르게 분포하고 있음을 확인할 수 있습니다. 다만 지역에 따라 외국인

등록
행정 기관의 장부에 이름을 올리는 일

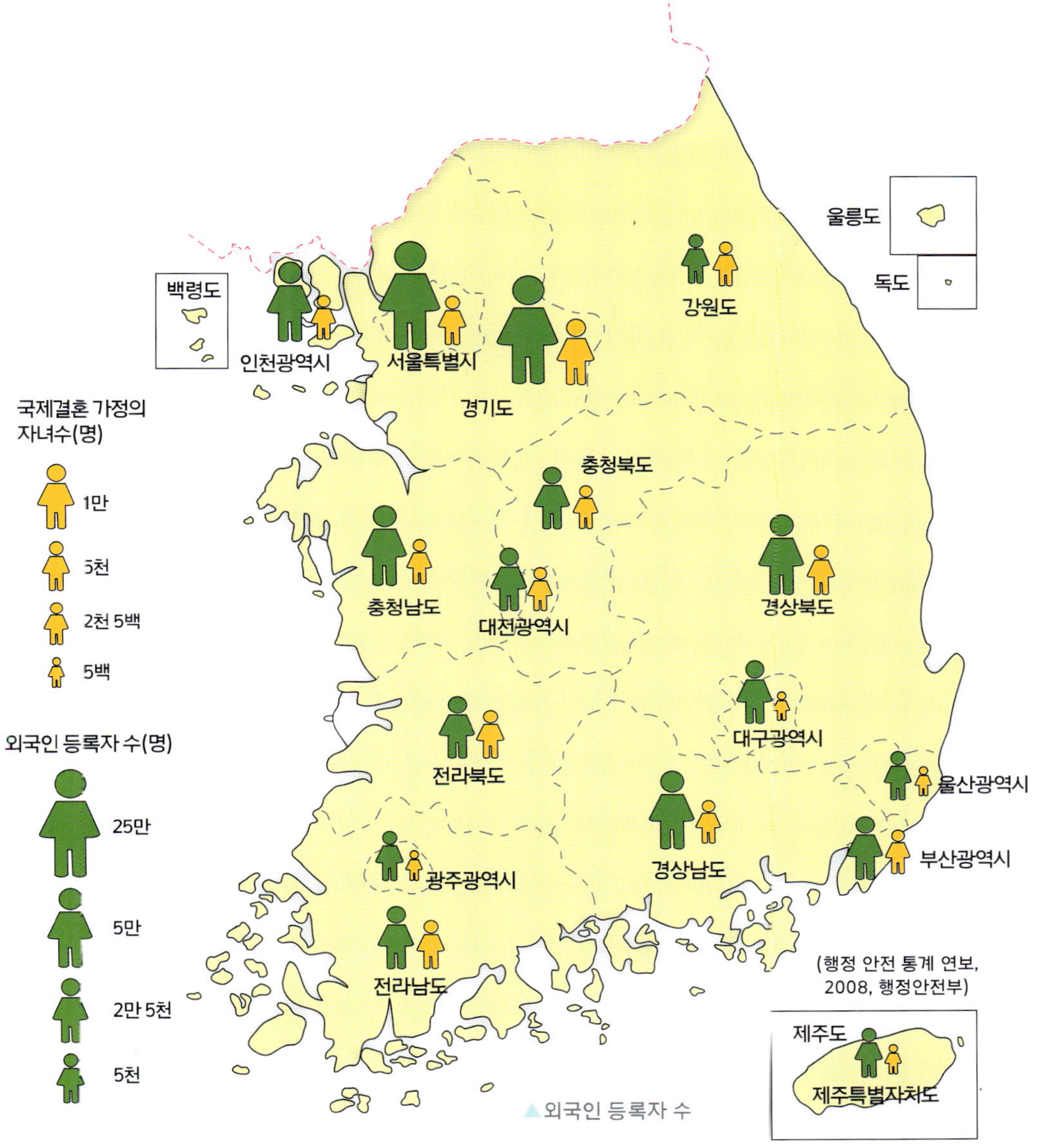

들이 별로 없는 곳들이 있을 수는 있겠죠. 그렇다고 하더라도 시간이 갈수록 외국인들의 수는 더 늘어날 전망이기 때문에 머지않아 여러분 동네에서 그들과 함께 생활하는 일은 더 이상 새롭거나 특별한 일이 아닐 것입니다.

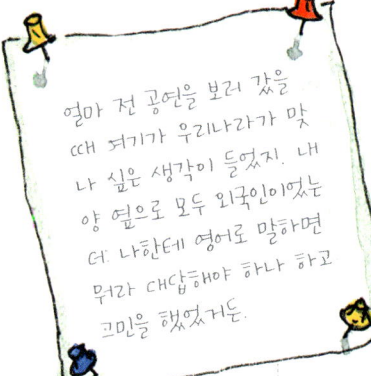

얼마 전 공연을 보러 갔을 때 거기가 우리나라가 맞나 싶은 생각이 들었지. 내 양 옆으로 모두 외국인이었는 더. 나한테 영어로 말하면 뭐라 대답해야 하나 하고 고민을 했었거든.

인구 증가와 도시화 문제

다시 인구 이야기로 돌아와서 전 세계 모든 나라가 중국이나 인도처럼 인구가 많다면 이것은 결코 좋은 일이 아닐 것입니다. 왜냐하면 지금도 전 세계 인구가 꾸준히 증가하고 있고, 때문에 지구촌 곳곳에서 인구 문제가 발생하고 있기 때문입니다. 여기서 다음 지도를 한번 볼까요?

아래의 세계지도를 보면 인구가 감소하는 지역은 거의 찾아보기 힘들다는 것을 알 수 있어요. 반면 **대부분의 나라는 인구가 꾸준히 증가**하고 있고, 특히 아프리카나 남아메리카, 중동, 그리고 남부아시아 지역은 평균 이상 인구가 증가하는 지역임을 확인할 수 있답니다. 하지만 문제는 인구가 증가한다는 사실보다 다른 곳에 있습니다. 다음의 지도를 보며 그 이

▲ 지역별 인구의 증가와 감소

유에 대해 이야기해 보아요.

사람들은 도시에서만 사나요?

도시가 발달하는 과정

아래 세계지도를 보면 아프리카나 아시아 대륙은 인구의 대부분이 촌락*에 거주하고 있음을 알 수 있어요. 반면 아메리카나 유럽 지역은 인구의 대부분이 도시에 거주하고 있음을 확인할 수 있습니다. 그리고 캐나다나 러시아의 북부 지역들은 추운 날씨 때문에 고립된 거주*를 하고 있습니다. 이것을 다르게 생각해 보면, 전 세계 사람들이 지구촌 곳곳에 골

촌락
시골의 작은 마을

고립된 거주
다른 사람들과 멀리 떨어져서 사는 것

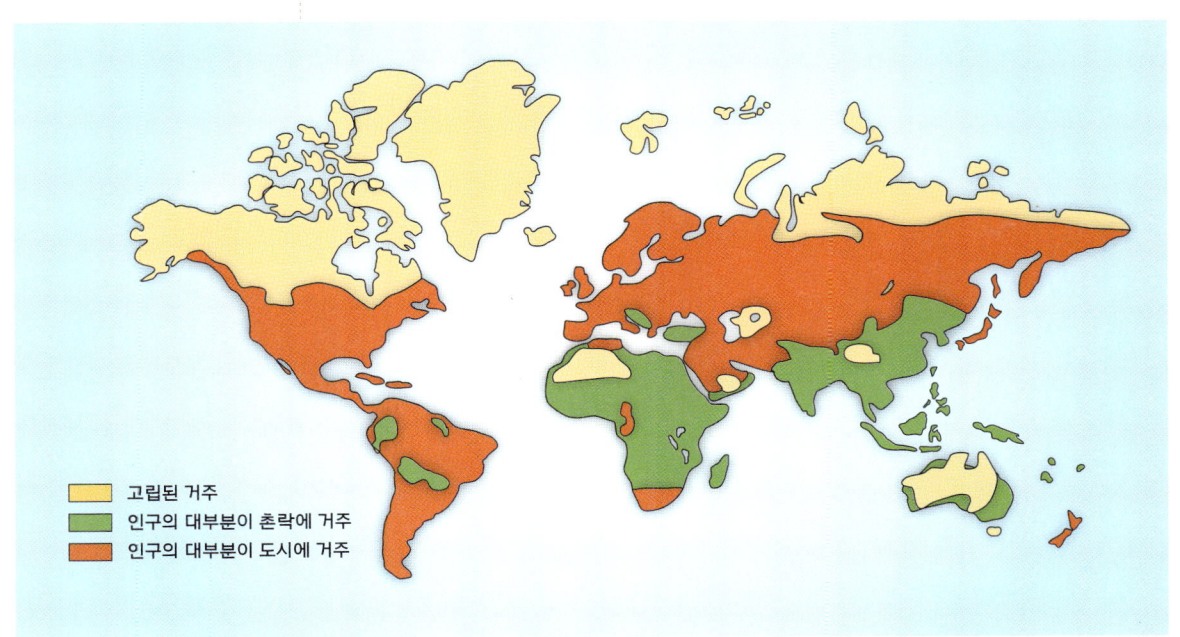

▲ 지역별 도시와 촌락의 인구 분포

고루 흩어져 살고 있는 것이 아니라 도시나 촌락, 특히 도시에 집중적으로 사람들이 모여 살고 있는 것으로 해석할 수 있습니다. 다음의 세계지도를 보며 계속 이야기해 보아요.

세계지도에서 빨갛고 작은 네모 하나는 인구가 1000만 명 이상인 대도시를 나타냅니다. 그리고 작은 점 하나는 100만 명에서 1000만 명 사이의 인구를 나타냅니다. 이 지도를 자세히 살펴보면 전 세계 인구의 상당한 부분이 몇몇 대도시를 중심으로 거주하고 있음을 확인할 수 있습니다. 그 대도시들 중에는 우리나라의 서울을 비롯하여 일본의 도쿄, 중국의 베이징과 상하이, 인도의 뭄바이와 콜카타, 미국의 로스앤젤레스와 뉴욕 등이 포함되어 있습니다. 그러나 극지방과 오세아니아, 캐나다와 아프리카 등지에는 대도시가 거의 없습니다.

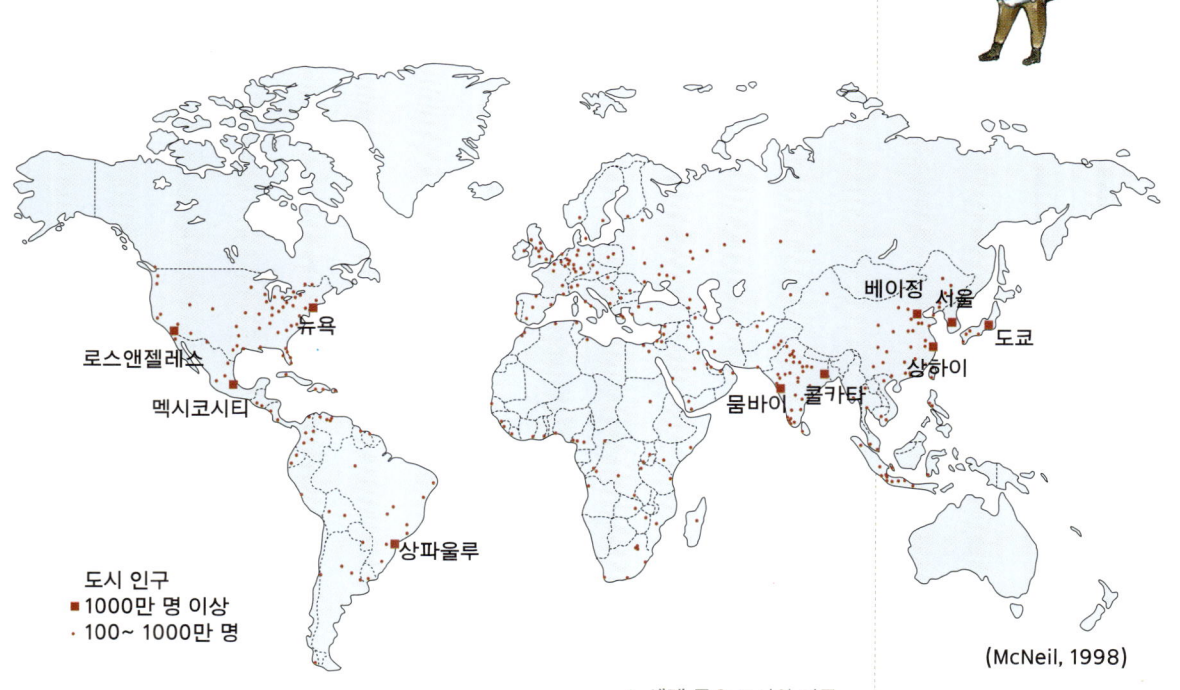

▲ 세계 주요 도시의 인구

극지방
남극과 북극을 중심으로 한 그 주변 지역. 북반구에서는 가장 더운 달의 평균 기온이 0℃ 이하인 지역을 말한다.

이렇듯 전 세계 몇몇 대도시에 1000만 명이 넘는 사람들이 몰려 있으니 도시 문제가 계속 발생하는 것입니다. 반면 아프리카나 오세아니아의 많은 지역과 러시아와 캐나다 북쪽의 극지방* 등은 사람들이 생활하기에 불편하다 보니 도시가 발달하기는커녕 버려진 곳이 많은 지경입니다. 그런데 더 심각한 문제는 도시 인구가 시간이 갈수록 점점 더 증가할 것이라는 점이에요. 이것은 그동안 도시가 어떻게 발달해 왔는지에 대해 알아보면 좀 더 분명해질 것입니다. 여기서 다음의 세

▲ 고립된 거주

▲ 촌락에 거주

가지 세계지도를 차례로 살펴보아요.

오른쪽 세계지도는 **연도별로 도시가 발달하는 과정**을 나타낸 것입니다. 크게 1900년, 1950년, 2005년으로 나누어 세계의 주요 도시들을 지도상에 빨간 점으로 표시하였습니다. 우선 1900년부터 일찌감치 도시가 발달한 지역들은 2005년인 최근까지도 발달된 상태를 유지하고 있음을 알 수 있습니다. 오히려 이 지역들을 중심으로 주변 지역까지 도시화*가 이루어지면서 거대 도시를 형성하고 있을 정도입니다. 이는 1900년에서 1950년까지의 도시 발달 과정을 살펴보면 쉽게 확인할 수 있습니다. 대표적인 도시로는 영국의 런던, 일본의 도쿄, 미국의 뉴욕 등을 들 수 있는데요. 최근인 2005년의 도시 발달 상태를 보면 1950년을 기준으로 대략 55년 동안 전 세계의 도시 인구가 얼마나 폭발적으로 증가했는지를 알 수 있습니다. 정말 놀랍지 않나요?

기존에 이미 발달해 있던 도시들 외에 아프리카 대륙의 여러 지역들이나 아마존 강 유역을 제외한 남아메리카의 여러 지역 등에서도 도시화가 이루어지고 있습니다. 물론 유럽의 대부분 지역들과 중국, 인도, 일본, 미국 등지는 말할 필요도 없을 정도입니다. 오히려 이 지역들은 지나친 도시화 때문에 생기는 도시 문제를 걱정해야 할 처지입니다. 세계적으로 매일 약 18만 명 정도의 인구가 도시로 유입*되고 있다고 합니다.

도시 인구가 많다는 건 발전이 그만큼 이루어졌다는 의미이므로 좋은 현상이 아니냐고요? 이 문제에 관한 이야기를 하기 위해 아프리카 대륙을 살펴볼까요?

도시화
도시의 문화 형태가 도시 이외의 지역으로 퍼지는 것.

유입
사람, 물건 등이 흘러들어 오는 일

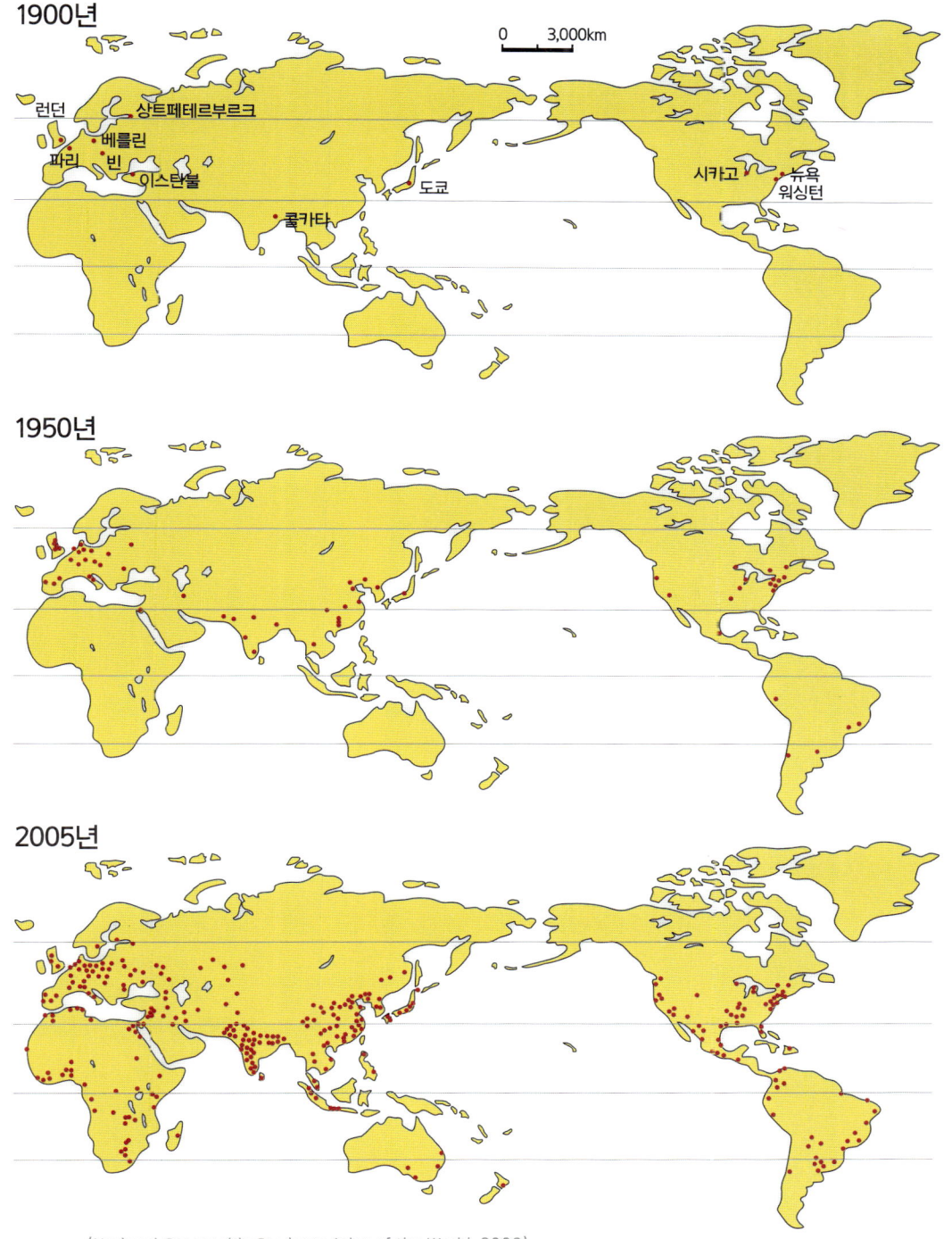

▲ 도시의 발달 과정

1900년, 1950년, 그리고 2005년을 비교해 볼 때 어떤 특징이 보이나요? 그렇습니다. 1900년과 1950년에는 하나도 없었던 도시가 그 이후 50년 사이에 많이 증가했다는 것입니다. 실제 인구가 도시로 이동하는 비율이 가장 높은 곳이 아프리카 대륙인데 전체 인구의 약 36% 정도가 도시에 거주하고 있다고 합니다. 아프리카 대륙도 가난과 질병에서 벗어나고 있다는 증거니까 이 역시 다행스런 일이 아니냐고요? 하지만 꼭 그렇지만은 않습니다.

도시 인구가 늘어나게 된 원인이 문제가 되는데, 아프리카의 도시화는 개발과 발전의 결과라기보다는 농사에 실패하거나 자연재해와 전쟁 때문에 어쩔 수 없이 도시로 이주할 수밖에 없는 경우가 대부분이기 때문입니다. 아무런 준비도 없이 도시에 정착해야 하는 상황에 처하게 되고, 이것은 또 다른 가난과 빈곤*으로 연결되고 마는 것입니다. 즉 도시에 살고 있다고 해서 모든 사람들의 의식주 생활에 문제가 없는 것이 아닙니다. 오히려 아프리카의 경우는 도시 인구의 약 70% 정도가 도시 안에 있는 또 다른 가난한 지역에 살고 있습니다. 더욱이 이런 곳에 살고 있는 사람들은 아무런 지원이나 관심도 받지 못하는 상황에 처해 있다고 하니 그 문제가 더 심각한 지경입니다. 도시화로 인해 발생하는 여러 가지 도시 문제로 신음하고 있는 선진국이나, 갑작스럽고 비정상적인 도시화 때문에 고통을 받고 있는 후진국이나 사태의 심

빈곤
가난하여 살기가 어려움

아프리카 대도시 빈민촌

각성은 비슷하다고 하겠습니다.

사람이 살기 힘든 곳

지금까지 세계지도를 통해 인구에 관한 여러 가지 이야기들을 해 보았어요. 특히 인구가 많은 곳과 적은 곳을 살펴보았고 인구가 너무 많으면 어떤 문제가 있는지 알아보았어요. 자 이번에는 지도에 빨간 점이 거의 없는 지역은 어떤 곳일까요? 수많은 빌딩들이 우뚝 솟아 있는 도시의 중심가일까요? 풀 한 포기 보기 어려운 벌판일까요? 지금부터 세계지도를 통해 어떤 곳인지 알아보아요.

먼저 다음 세계지도에 표시된 부분을 살펴보아요.

다음 쪽 지도에 동그랗게 표시된 지역들은 63쪽의 인구 분포 세계지도에서 빨간 점이 거의 없었던 지역 중 땅 덩어리가 유난히 큰 곳을 나타낸 것입니다.

우선 러시아와 캐나다 북부 지역을 볼까요? 무엇이 보이나요? 그렇습니다. 바로 얼어붙은 땅입니다. 이런 곳에 사람들이 살면 세계의 도시가 지금처럼 복잡하지는 않을 텐데 싶을 정도로 넓은 땅이지만 아쉽게도 이 지역들은 사람들이 살기 힘들 만큼 추운 곳입니다. 그린란드나 알래스카, 북극 지역 또한 마찬가지입니다.

다음으로 남아메리카 대륙에 있는 브라질을 볼까요? 브라질은 세계에서 손꼽힐 정도로 인구가 많은 나라입니다. 대략 1억 9천만 명 이상으로 거의 2억에 가깝습니다. 하지만 이런 브라질에서도 점이 거의 없는 넓은 지역이 보이죠? 그렇습니다. 바로 아마존 강 유역*입니다. 아마존 강 유역은 밀림*이

유역
강물이 흐르는 주변 지역

밀림
큰 나무들이 빽빽하게 들어 선 깊은 숲

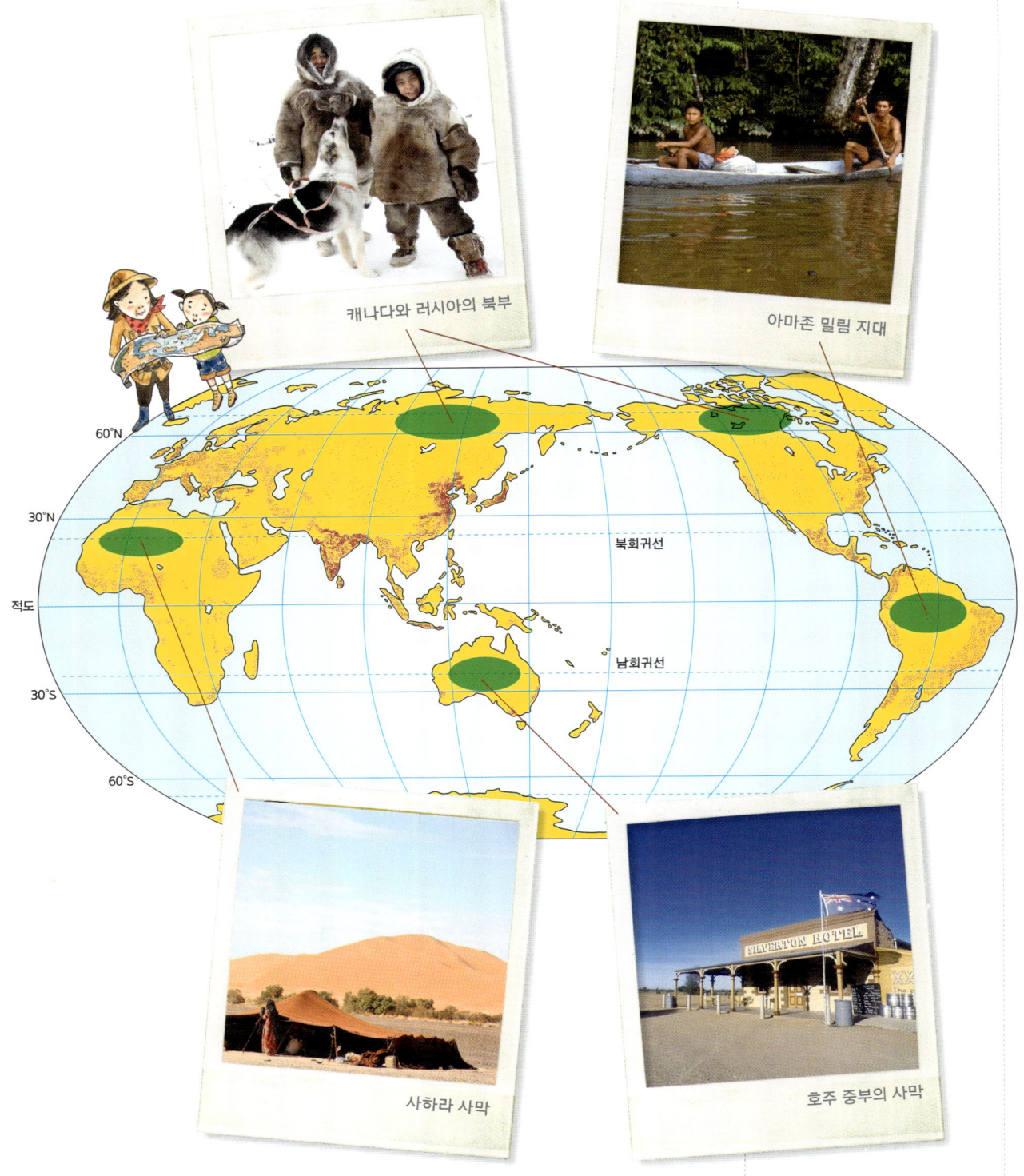

형성되어 있어 사람들이 생활하기에 불편합니다. 그래서 소수의 사람들만이 살고 있습니다. 여러분들도 얼마 전에 텔레비전에서 방영되었던 '아마존의 눈물'이란 프로그램을 통해서 한 번쯤 보았을 것입니다.

다음으로 오스트레일리아의 중앙부와 아프리카 대륙의 북부 지역을 살펴보아요. 무엇이 보이나요? 그렇습니다. 모두 사막 지역입니다. 여러분! 사막하면 떠오르는 '오아시스*'를 기억하나요? 물이 그만큼 귀하다는 것이죠. 따라서 사막 지역도 사람들이 생활하기에는 불편합니다.

이처럼 인구가 적거나 거의 없는 곳은 사람들이 모여 살기에 불편한 자연 환경적 영향이 있습니다. 얼어붙은 땅과 밀림이 그랬고, 사막 또한 그러했습니다. 이와 같이 인간 생활에 큰 영향을 주는 자연 환경! 좀 더 구체적으로 알아 볼 필요가 있겠죠? 물론 세상에 대해 많은 것을 알려 주는 똑똑한 세계 지도를 통해서 말입니다.

오아시스
사막 가운데에 샘이 솟아 풀과 나무가 자라는 곳

서기 1년과 2300년의 인구는?

우리는 앞에서 세계의 각 지역별 인구에 대하여 살펴보았어요. 사람이 거의 살지 않는 곳도 있고, 1000만이 넘는 대도시도 있었지요? 그럼 아주 먼 옛날에는 어떠했을까요? 미래에는요? 여기서 다음의 두 가지 세계지도를 살펴보아요.

먼저 이 세계지도는 서기 1년의 세계 인구 분포를 나타낸 것입니다. 각 나라의 크기는 땅 넓이가 아니라 인구를 나타냅니다. 무엇이 보이나요? 어떤 부분들이 특징적인가요? 우선 아메리카 대륙을 한번 볼까요? 대륙이 어디에 있는지조차 알 수 없을 정도로 인구 분포가 거의 없다는 것을 알 수 있습니다. 반면, 지금도 인구가 많기로 유명한 인도나 중국 등은 그 당시에도 무척 인구가 많았다는 것을 확인할 수 있습니다. 인더스 강과 황하 유역에서 일찍부터 문명이 발달하여 많은 사람들이 모여 살았기 때문에 이와 같은 현상은 당연하다고 하겠습니다. 한편 우리나라와 일본도 서기 1년에는 세계지도에서 쉽

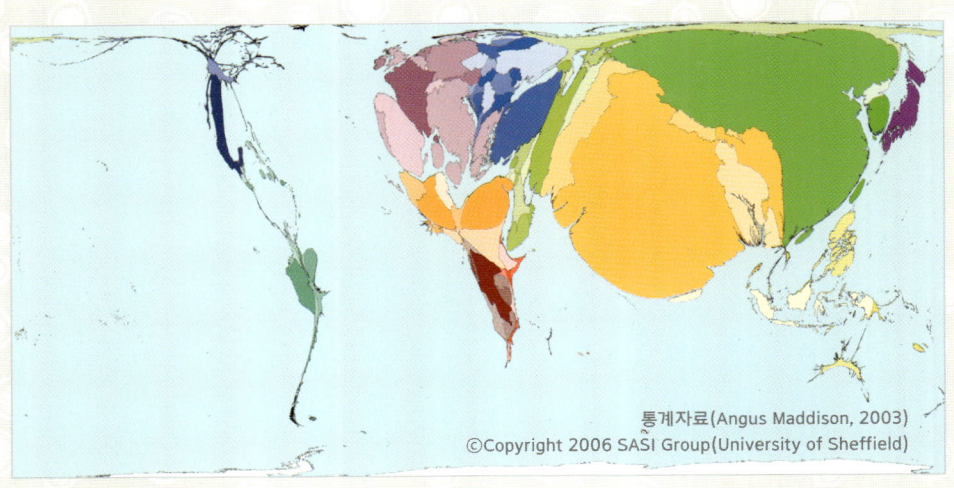

통계자료(Angus Maddison, 2003)
ⓒCopyright 2006 SASI Group(University of Sheffield)

▲ 서기 1년의 세계 인구 분포

게 찾을 수 있을 만큼 꽤 인구가 많았다는 것을 알 수 있습니다. 하지만 서기 2300년이 되면 서기 1년과는 전혀 다른 모습의 세계를 볼 수 있답니다.

여기서 다음의 세계지도를 한번 볼까요? 서기 2300년의 세계 인구 분포를 예상하여 나타낸 것입니다. 서기 1년의 인구 분포와 무엇이 다른가요? 가장 먼저 눈에 띄는 것이 바로 아프리카 대륙과 아메리카 대륙입니다. 으선 아프리카는 서기 1년과 비교해 볼 때 대륙의 크기가 매우 커졌음을 알 수 있습니다. 더욱이 다가올 2300년이 되면 아시아 다음으로 인구가 많은 대륙이 될 것입니다. 다음으로 하나의 선으로만 보였던 아메리카 대륙이 인구가 증가하여 이제는 그 형태를 알 수 있게 되었습니다. 하지만 유럽 대륙은 조금 다릅니다. 서기 2300년이 되면 유럽은 전 세계에서 인구가 적은 대륙 중의 하나로 남게 될 것입니다.

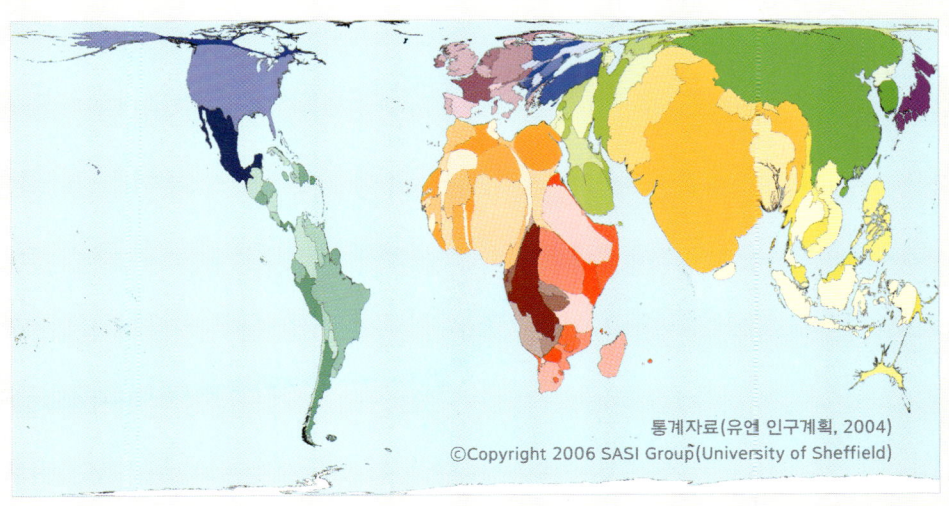

통계자료(유연 인구계획, 2004)
ⓒCopyright 2006 SASI Group(University of Sheffield)

▲ 서기 2300년의 세계 인구 분포

04. 세계지도로 보는 세계의 자연환경

세계지도로 보는 세계의 자연환경

사람에게 영향을 끼치는 기후와 환경

우리 인간은 잠시도 자연과 떨어져서는 살 수 없어요. 자연은 그 자체만으로도 인간에게 생활의 터전이기 때문입니다. 따라서 인간 생활은 자연환경*에 많은 영향을 받을 수밖에 없습니다. 인간은 자연환경을 극복하기 위해 많은 노력을 하고 있습니다. 이처럼 위대한 힘을 가진 자연! 이 자연환경 속에서 인간은 자연과 어떻게 영향을 주고받으며 살아가는지 세계지도를 통해 알아보아요.

3장에서는 세계지도를 통해 인구에 관한 여러 가지 이야기들을 해 보았어요. 인구가 많은 나라와 그렇지 않은 나라, 인구가 1000만 명이 넘을 정도로 거대한 도시와 사람을 찾아보기 어려울 정도로 외진 곳까지 다양한 경우를 살펴보았어요. 그런데 이렇게 인구수에 차이가 나는 이유는 무엇일까요? 여러 가지 이유 중에 자연환경도 영향을 끼칠까요? 자연환경이라 함은 쉽게 산과 들, 강과 바다 등을 떠올릴 수 있을 것입니다. 그럼 여기서 다음의 세계지도를 보며 좀 더 자세

자연환경
인간 생활을 둘러싸고 있는 자연계의 모든 요소가 이루는 환경

히 알아보아요.

사람들이 모여 사는 강

아래 지도는 세계의 주요 강을 검은색 선으로, 그리고 그 강의 유역*을 빨간색 선으로 표시한 것입니다. 여러분이 잘 알고 있는 나일 강과 아마존 강, 그리고 미시시피 강, 황하, 양쯔 강까지 주요 강들의 위치를 확인할 수 있을 것입니다.

여기서 잠깐! 아래의 지도를 앞 장에서 보았던 인구 분포 세계지도와 한번 겹쳐 볼까요? 어떤 현상이 나타날지 한번 예상해 볼까요? 강의 위치와 인구 분포 사이에는 어떤 관계가 나타날까요?

우선 세계에서 인구가 가장 많은 나라인 중국부터 살펴봅시다. 중국에는 대표적으로 황하와 양쯔 강이 흐르고 있어요.

유역
강물이 흐르는 언저리. 강 유역의 평야는 주로 농경지로 사용된다.

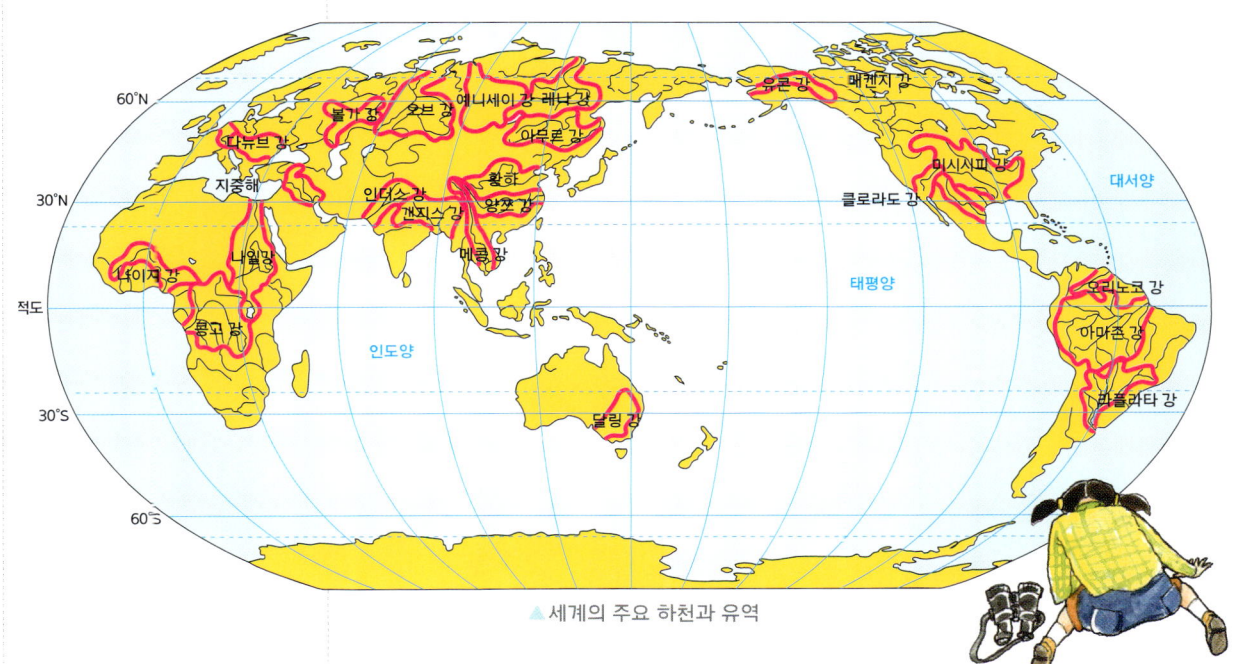

▲ 세계의 주요 하천과 유역

▲ 세계의 주요 강과 인구 분포

다음 지도에서 강 주변의 인구 분포를 살펴보아요. 중국 대륙의 북쪽에서 동서로 흐르고 있는 강이 바로 '황하'인데, 황하 하류 주변에 빼곡하게 찍혀 있는 빨간 점들이 보이나요? 다음에 이야기할 인도를 제외하고 세계 어느 지역을 보아도 이렇게 빼곡하게 빨간 점이 찍혀 있는 곳은 찾기 어려워요. 즉 인구가 엄청나게 많다는 증거죠. 그리고 특히 황하 유역은 세계 4대 문명의 발상지* 중 한 곳일 만큼 역사가 깊은 곳이기도 합니다.

또 중국 대륙 중앙에서 동서로 흐르고 있는 '양쯔 강' 주변을 보

발상지
역사적으로 큰 가치가 있는 일이나 사물이 처음 나타난 곳

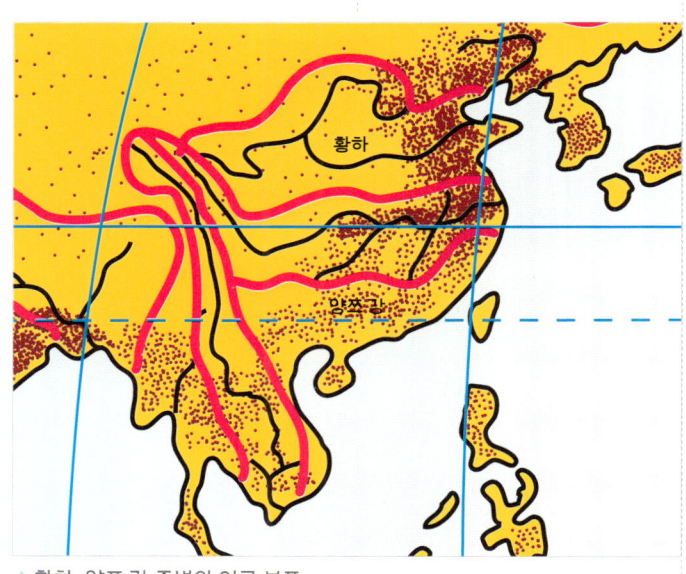

▲ 황하, 양쯔 강 주변의 인구 분포

아요. 역시 빨간 점이 많이 있는 것으로 보아 양쯔 강 주변 역시 많은 사람들이 살고 있음을 확인할 수 있어요.

이번에는 중국 다음으로 인구가 많은 나라인 인도를 한번 살펴볼까요? 인도에는 유명한 인더스 강과 갠지스 강이 흘러요. 먼저 인도 북부 지역에서 남동쪽으로 흐르는 '갠지스 강' 주변을 보아요. 역시 강줄기를 따라 빨간 점이 빼곡하게 찍혀 있는 것을 볼 수 있어요. 갠지스 강 주변에는 갠지스 평원*이라 불리는 기름진 땅이 있기 때문에 많은 사람들이 모여 살고 있어요. 그리고 힌두교를 믿는 인도 사람들은 갠지스 강을 매우 성스러운 장소로 여겨요. 여러분도 텔레비전이나 책을 통해 갠지스 강에서 몸을 씻고 있는 인도 사람들을 한 번쯤 본 적이 있을 것입니다. '갠지스 강을 보지 못하면 인도를 말할 수 없다.', '인도 사람들은 갠지스 강에서 죽는 것이 소원이다.'라는 말이 있을 정도로 갠지스 강은 인도 사람들에게 많은 영향을 끼치는 곳입니다. 이번에는 인도 북부 지역에서 남서쪽으로 흐르는 '인더스 강' 주변을 살펴보아요. 인더스 강 주변은 갠지스 강 주변만큼 많은 사람들이 모여 있는 곳은 아니에요. 인더스 강은 높은 산지로 유명한 히말라야 산맥과 티베트 고원 부근에서 시작하여 파키스탄을 지나 아라비아 해로 흘러들어요. 인더스 강 주변은 지대가 높은

평원
평평한 들판

▲ 인더스 강, 갠지스 강 주변의 인구 분포

곳이 많고, 또한 인도와 파키스탄이 영토 때문에 서로 싸우고 있는 지역이기도 해요. 인더스 강 주변은 일찍이 세계 4대 문명의 발상지 중 하나인 인더스 문명의 발생지이기도 하지요.

여러분은 또 어떤 강들을 알고 있나요? 이번에는 브라질의 아마존 강 주변을 한번 살펴볼까요? 아마존 강은 길이도 무척 길지만 지류*까지 포함하여 주변의 열대우림* 지역이 아주 넓은 강으로 유명합니다. 그래서 '지구의 허파'라 불릴 만큼 많은 양의 산소를 공급하는 곳이기도 합니다. 하지만 이러한 중요한 기능을 하는 곳임에도 불구하고 브라질이 경제 개발을 시작하면서 최근까지 거의 우리나라 크기의 8배에 달하는 엄청난 면적의 밀림 지역이 사라지고 말았다고 합니다. 그럼 이런 아마존 강 주변에는 얼마나 많은 사람들이 살고 있을까요?

아마존 강과 그 주변 지역은 브라질 땅 크기의 거의 절반 이상을 차지하고 있지만 실제로 많은 사람들이 살고 있지는 않습니다. 위의 세계지도에서도 확인할 수 있듯이 아마존 강 주변에는 빨간 점들이 그리 많지 않아요. 브라질 인구가 거의 2억 명에 가까울 정도로 많은데 왜 넓고 넓은 아마존 강 주변에는 사람들이 많이 살고 있지 않을까요? 그것은 아마존 강 주변은 자원은 풍부하지만 사람들이 생활하기에는 불편하기 때문입니다. 브라

지류
강의 원줄기로 흘러들거나 원줄기에서 갈려 나온 물줄기

열대우림
일 년 내내 기온이 높고 비가 많은 적도 부근의 열대 지방에서 발달하는 삼림

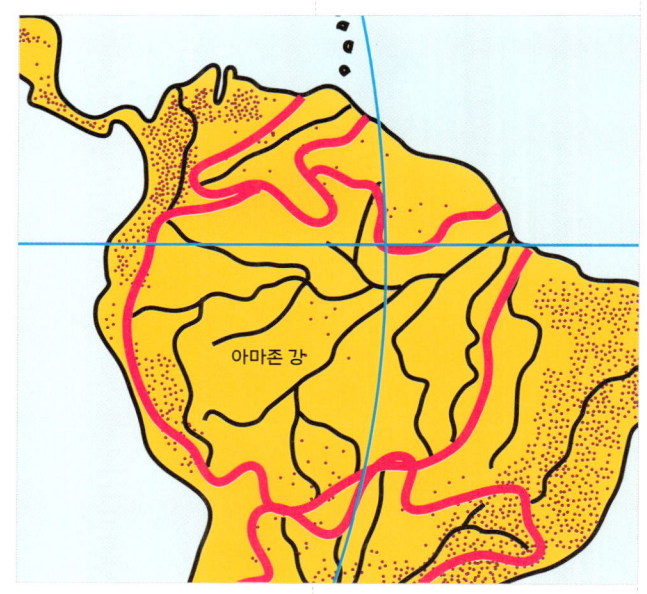

▲ 아마존 강 주변의 인구 분포

질 정부가 아마존 강을 개발하려는 이유도 풍부한 자원들이 가져다주는 여러 가지 경제적 이익을 누리기 위해서입니다. 그렇게 된다면 아마존 강 주변에는 지금보다 훨씬 더 많은 사람들이 살게 되겠죠?

지금까지 세계지도상에서 강과 인구 분포의 관계를 살펴보았어요. 어떤 공통점을 발견할 수 있었나요? 대부분의 강 주변에는 인구가 많아요. 물론 아마존 강과 같이 사람들이 생활하기에 불편할 정도로 밀림이 우거져 있거나 산맥이나 높은 지대를 흐르고 있는 강 주변에는 많은 사람들이 살지 않았어요. 그렇다면 강 주변에는 왜 인구가 많을까요? 그것은 강이 인간에게 필요한 생활용수*를 비롯하여 산업에 필요한 농업·공업용수*를 제공하기 때문입니다. 그래서 일찍부터 인간은 강 유역에서 생활하기 시작했고 찬란한 문화를 형성했어요. 세계 4대 문명*의 발상지*가 큰 강 유역이라는 사실을 통해서도 확인할 수 있습니다. 큰 강 부근에는 식량이나 생산물이 풍부하므로 자연스럽게 사람들이 모이게 되지요.

사막과 사막화

여러분! 앞의 지도에서 빨간 점이 거의 없었던 지역들을 생각해 보아요. 사람들이 많이 살고 있지 않는 지역들인데 과연 어떤 특징이 있는 곳일까요? 먼저 다음의 세계지도에 표시된 지역들을 살펴보아요.

다음 쪽 세계지도에 동그랗게 표시된 지역들을 살펴보면 빨간 점이 거의 없다는 것을 확인할 수 있어요. 그럼 왜 사람들이 많이 살고 있지 않는 것일까요? 지금부터 그 이유를 하

생활용수
일상생활에 쓰이는 물

공업용수
공업 제품의 생산 과정에서 냉각, 제품 처리 따위에 쓰는 물. 그전에는 흔히 지하수를 썼으나, 땅 표면이 내려앉는 문제가 있어서 요즘에는 공업용 수도를 만들어서 물을 공급하는 방법을 쓰고 있다.

세계 4대 문명
이집트 문명, 메소포타미아 문명, 인더스 문명 황하 문명

문명
인류가 이룩한 물질적, 기술적, 사회 구조적인 발전. 자연 그대로의 원시적 생활에 비하여 더욱 발전되고 세련된 삶의 모습을 뜻한다.

발상지
역사적으로 큰 가치가 있는 어떤 일이나 사물이 처음 나타난 곳

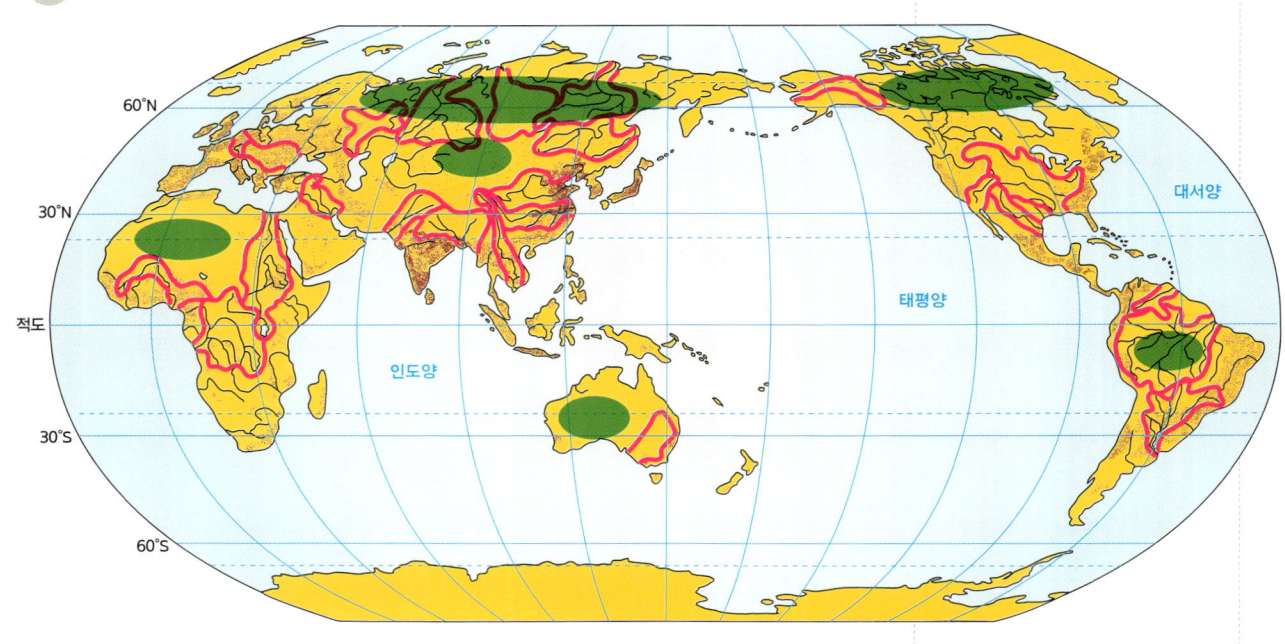

▲ 사람이 많이 살지 않는 지역

나씩 알아보아요.

먼저 아프리카 북부 지역부터 살펴보아요. 아프리카의 다른 지역들은 검은색 선으로 보이는 강줄기를 따라 사람들이 살고 있음을 확인할 수 있어요. 그런데 유달리 아프리카 북부 지역만큼은 그렇지 않아요. 그러고 보니 강 표시가 없네요. 사람들은 물이 있는 곳을 찾아 모여 산다고 했는데, 강이 없다는 것은 아마 물을 구하기가 쉽지 않은가 봐요. 그럼 이 지역은 도대체 어떤 곳일까요? 어떤 자연환경적 특징을 지니고 있을까요? 다음의 세계지도를 통해 확인해 보아요.

오른쪽 지도는 세계 곳곳에 있는 사막과 점점 사막화되고 있는 지역들을 나타낸 것입니다. 그랬군요. 아프리카 북부 지역에는 바로 '사하라 사막*'이 있었네요. 사막에 대해 들어 본

사하라 사막
아프리카 북부의 대부분, 홍해 연안에서 대서양 해안까지 이르는 세계 최대의 사막. 연 강우량은 20mm 이하이며, 기온과 날씨의 차이가 심하다. 풀·관목이 부분적으로 나 있으며, 오아시스에 대추야자가 있다. 북부에서 석유가 난다. 면적은 906만 5000㎢.

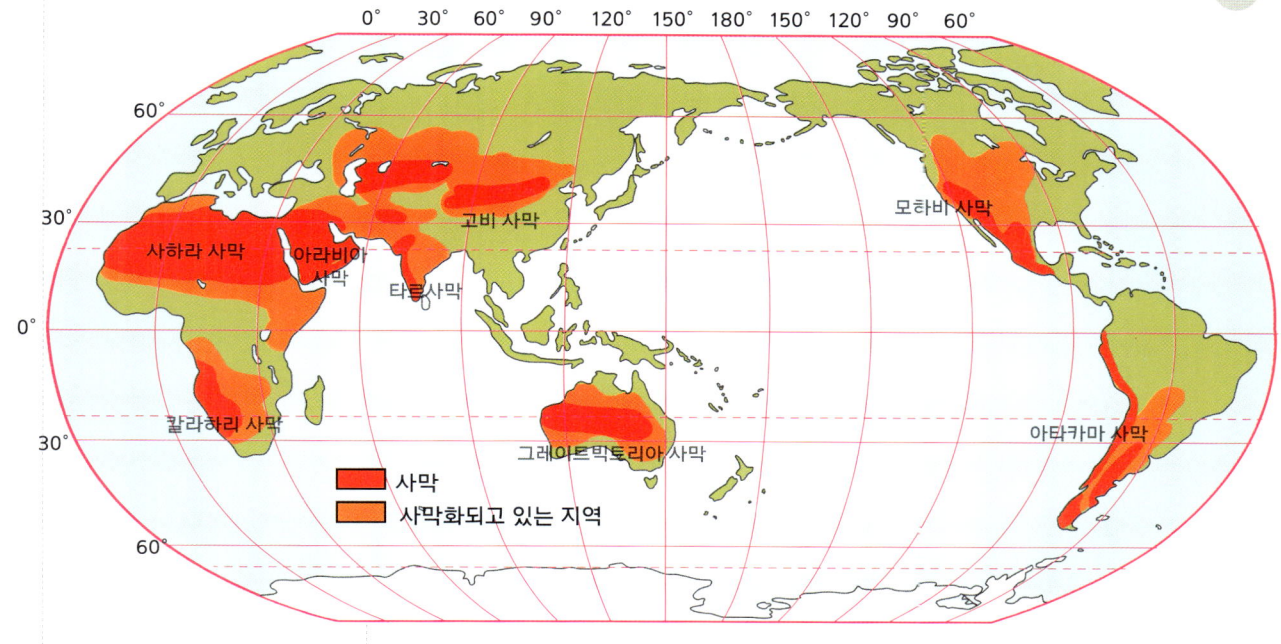

▲ 세계의 사막 분포

세상에나!
지구촌에 사막이 이렇게 많아? 낙타를 타고 사막여행을 하며 오아시스에서 시원한 물 한 모금을 마실 생각만 하고 있었더니...... 빨리 꿈에서 깨어나 상황의 심각성을 알아야겠는걸.

적 있죠? 오아시스, 낙타, 모래 등으로 유명한 지역이죠. 이 사하라 사막이 자리 잡고 있기 때문에 아프리카 북부 지역에는 사람들이 모여 살기가 어렵습니다. 그럼 사막이 있는 다른 지역들의 경우도 마찬가지일까요? 위의 세계지도에 나타나 있는 다른 사막 지역들을 통해 확인해 보아요.

오스트레일리아 지역을 볼까요? '그레이트빅토리아 사막'이 넓게 자리 잡고 있는 것을 확인할 수 있어요. 앞의 인구 분포 세계지도와 비교해 보면 이 지역 역시 빨간 점이 거의 없네요. 즉 사람들이 거의 살고 있지 않는 곳임을 알 수 있습니다. 또 '고비 사막'이 있는 몽골* 지역과 '칼라하리 사막'이 있는 아프리카 남부 지역 역시 인구가 많지

몽골
세계에서 인구밀도가 가장 낮은 나라이다. 면적은 156만 4,115.75 km²인데 인구는 2,754,685명(2010년)으로 인구밀도가 1.76명이다.

않음을 확인할 수 있습니다. 이런 사실들을 통해 사막과 인구 분포 사이에는 많은 관계가 있다는 것을 알 수 있습니다.

여러분은 사막에 대해 이미 많이 들었을 것입니다. 그렇다면 어떤 곳을 가리켜 사막이라 부르나요? 어떤 조건에 맞아야 우리는 그 지역을 사막이라 부르나요? 아주 무더운 곳이어야 하나요? 낙타가 줄지어 다니는 곳이어야 하나요? 오아시스가 보이는 곳이어야 하나요? 대개 1년 동안 강수량이 250mm*에도 미치지 못하는 지역을 사막이라 말합니다. 1년 동안의 강수량이 25cm에도 미치지 못한다는 사실은 비나 눈이 거의 내리지 않는다고 볼 수 있습니다. 즉 매우 건조한 지역이라 할 수 있죠.

이런 지역들이 아프리카 북부의 대부분을 차지하고 있으니 얼마나 물이 부족하고 귀할까요? 마실 물도 모자랄 지경이니 농사짓는 데 필요한 물은 생각할 겨를도 없겠죠? 그러니 사람들이 모여 살 수가 없지요.

250mm
우리나라 장마철 하루에 내리는 비의 양보다 작다.

기후에 따라 달라요

인구 분포에 영향을 주는 요소 중 사막과 같은 자연환경 외에 다른 것은 없을까요? 또 다른 이유를 찾아보기 위해 이번에는 캐나다 북부 지역과 러시아 북부 지역, 그리고 그린란드를 비롯한 극지방을 한번 살펴보아요. 이 지역들 또한 넓은 크기의 땅에 비해 인구가 많지 않은 곳인데 그 이유는 무엇일까요? 다음의 세계지도를 보며 그 이유를 생각해 보아요.

오른쪽 세계지도를 보면 캐나다와 러시아 북부 지역, 그린란드 등은 1년 내내 춥기 때문에 주변이 항상 눈과 얼음으로

둘러싸여 있음을 확인할 수 있습니다. 그러므로 사람들이 생활하기에 불편한 점이 많겠죠? 이를 통해 우리는 기후가 인구분포에 영향을 미친다는 점을 쉽게 예상할 수 있습니다. 그럼 실제 결과는 어떠한지 **기후 지도와 인구 분포 지도를 비교**하면서 확인해 볼까요?

먼저 빨간 점이 거의 없는 지역을 보아요. 어떤 기후를 나타

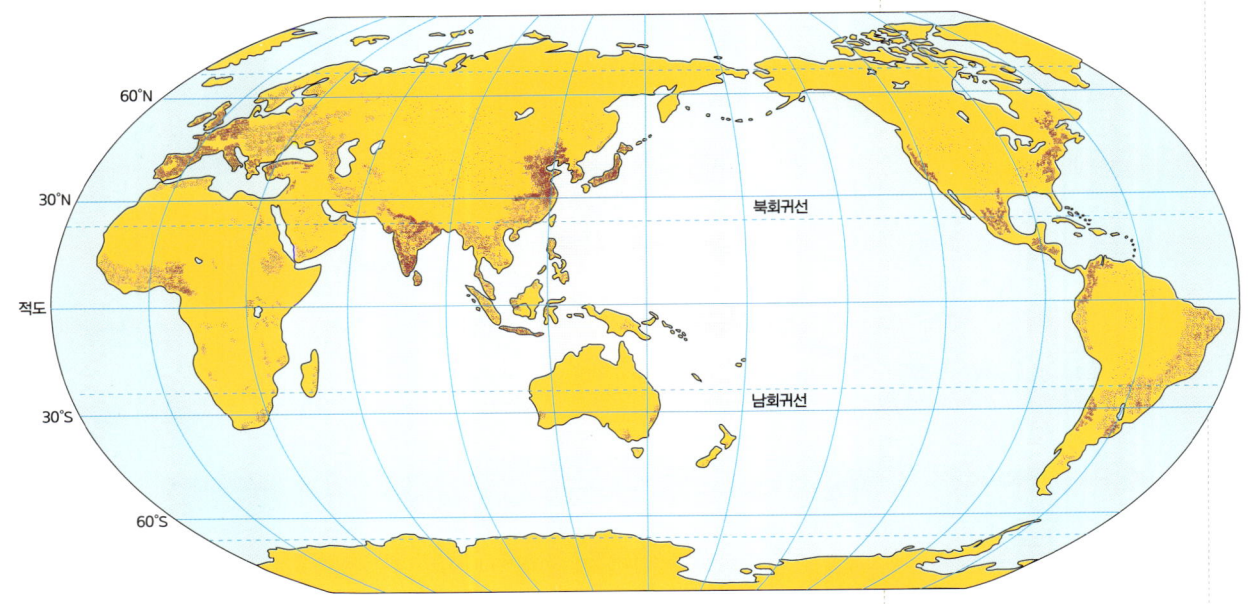

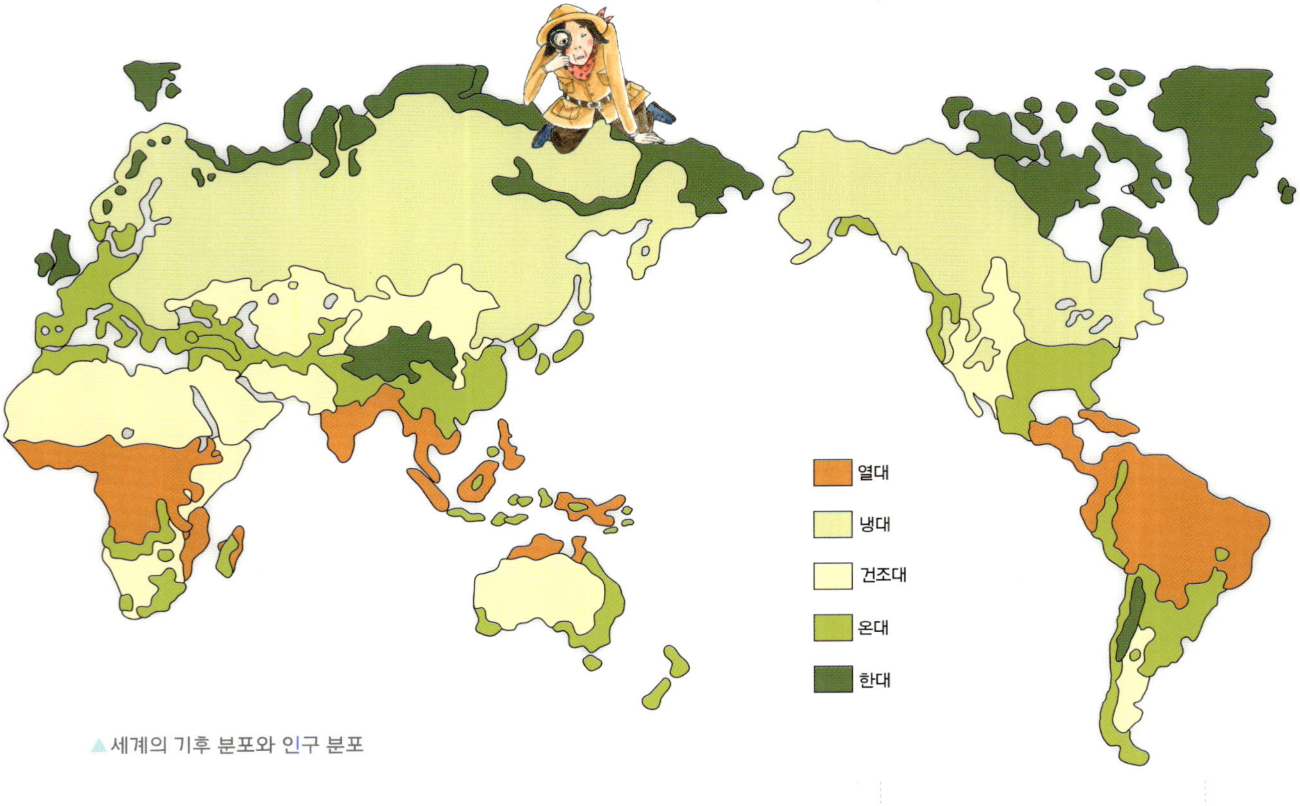

▲ 세계의 기후 분포와 인구 분포

- 열대
- 냉대
- 건조대
- 온대
- 한대

냉대
겨울이 길고 추우며, 여름이 짧지만 기온이 높아 겨울과 여름의 기온차가 큰 지대

한대
남북 양극 부근의 지대로 가장 춥다.

온대
열대와 냉대 사이에 있으며 중위도 지방에 있고, 사계절이 뚜렷하다.

내는 곳이 많은가요? 색깔별로 하나씩 확인해 보면 냉대*나 한대* 지역에는 빨간색 점이 거의 없다는 것을 확인할 수 있을 것입니다. 또 앞에서 보았듯이 사막이 분포하고 있는 건조한 기후 지역도 사람이 살기에 불편하기 때문에 빨간 점이 거의 없습니다. 여기서 잠깐! 아마존 강 주변이나 아프리카 중부 지역은 빨간 점이 많지 않지만 동남아시아 지역들은 비교적 많이 찍혀 있어요. 이 지역들은 꼭 같이 더운 열대 기후를 나타내는 곳인데 왜 이런 차이가 생길까요? 이상하지 않아요? 그것은 아마도 아프리카 중부 지역과 아마존 강 주변은 내륙 지역인 반면, 동남아시아 지역은 사방이 바다로 둘러싸여 있기 때문인 것으로 추측됩니다. 또한 아프리카 중부 지역과 아마존 강 주변은 열대우림이 우거진 곳으로 사람들이 생활하기에 불편함이 많다는 점도 이유가 될 것입니다.

다음으로 온대* 기후를 나타내는 지역을 보아요. 유럽과 동아시아, 미국 북동부 등은 사람들이 생활하기에 온도가 알맞고, 사계절이 뚜렷하기 때문에 많은 사람들이 모이게 되는 것입니다. 물론 주변에 큰 강이 흐르고 있어 사람들이 생활하기에 편리하다는 공통점도 있습니다.

지금까지의 내용을 정리하면, 인구 분포는 자연환경과 기후에 따라 달라질 수 있습니다.

큰 강 주변이나 사계절이 뚜렷한 온대 기후 지역에는 많은 사람들이 살고 있는 반면, 사막 지역, 아주 춥거나 아주 더운 지역에는 사람들이 많이 살지 않습니다.

화산·지진·태풍

화산과 지진으로 본 세계

그런데 여러분! 이 세상에는 강과 바다, 사막과 얼음만 있는 것은 아니죠? 산도 있고 섬도 있습니다. 수많은 산과 섬은 어디에 있고, 인간 생활에 어떤 영향을 주고 있을까요? 다음 세계지도를 보아요.

아래 세계지도는 세계의 주요 산맥*과 고원*의 위치를 나타낸 것입니다. 세계에서 가장 높은 '에베레스트 산'이 있는 히말라야 산맥을 비롯하여 유럽 대륙에 우뚝 솟아 있는 알프스 산맥, 북아메리카 서부 지역의 로키 산맥에서 남아메리카 서부 지역의 안데스 산맥까지 세계에는 수많은 산이 있습니다.

산맥
여러 산들이 연이어 있는 지형

고원
주변보다 상대적으로 높고 평평한 땅이 넓게 펼쳐진 곳

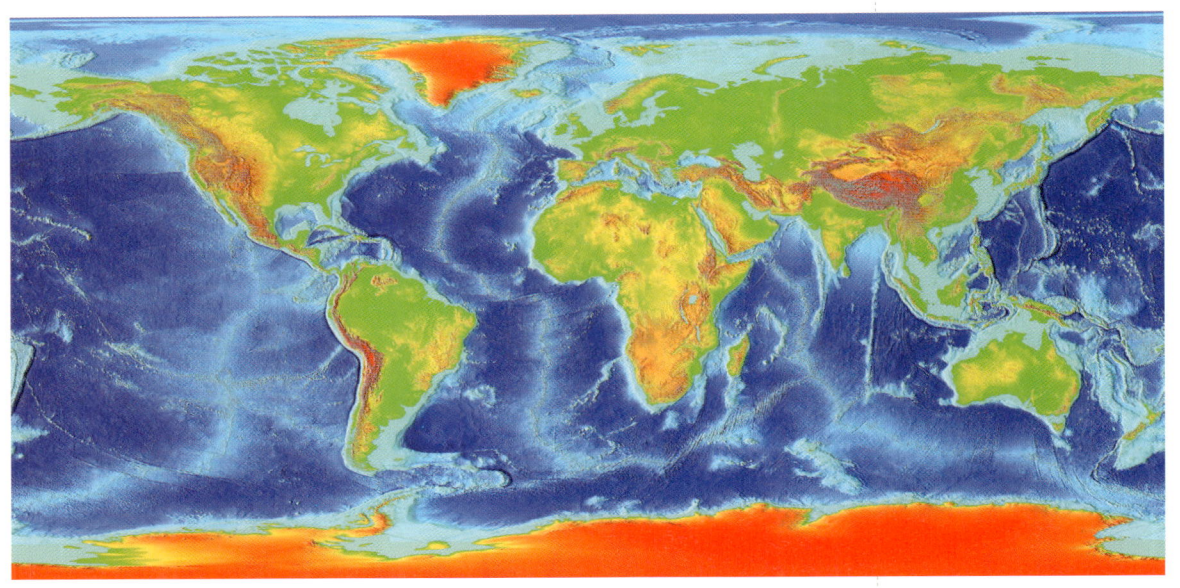
▲ 세계의 산맥과 고원

▲ 세계의 화산

위의 세계지도에 표시된 빨간 삼각형은 활활 타오르는 산, 즉 '활화산'을 뜻합니다. 보통 우리는 화산이라고 부르지만, 좀 더 정확하게 말하면 활화산은 분화 가능성이 아직도 남아 있는 화산을 뜻하지요.

그런데 활화산의 위치를 보면 재미있는 현상을 발견할 수 있어요. 무엇일까요? 태평양을 둘러싸고 동남아시아부터 일본, 알래스카, 아메리카 대륙의 서부 지역까지 마치 원을 그리듯이 활화산이 분포되어 있습니다. 아직 분화 가능성이 남아 있는 활화산이 이렇게나 많이 있는 곳이라니 위험하지는 않을까요? 왜냐하면 화산이 폭발하면 용암*, 화산재, 화산 가

용암
화산이 분화할 때 나오는 액체이며, 온도가 700~1200°C이고 땅속 물질이 녹은 것이다.

스 등이 나오기 때문에 사람들이 위험해질 수 있기 때문입니다. 실제로 최근까지도 화산 분화 때문에 주변이 죽음의 땅으로 변해 버린 경우가 있습니다.

하지만 화산이 무조건 큰 피해만 주는 것은 아닙니다. 화산 지역은 땅속의 온도가 높기 때문에 온천을 개발하기에 유리하고, 또한 일정한 간격으로 수증기를 내뿜는 '간헐천'은 관광지로 인기가 높습니다. 그리고 화산재로 덮인 지역은 땅이 기름지기로 유명합니다. 화산이 분화*하면서 풍부한 영양 물질*을 공급하기 때문이지요. 실제로 인도네시아의 자바 섬이나 일본의 간토 평야 등은 벼농사가 잘되는 곳으로 유명합니다. 또 앞의 세계지도에서 나일 강 주변을 한번 살펴보아요. 역시 활화산이 많습니다. 나일 강 주변의 땅이 기름진 것은 정기적으로 홍수가 일어나는 것 외에도 화산 물질이 쌓인 것도 영향을 끼쳤을 것입니다. 한편 화산의 나라로 널리 알려진 '아이슬란드'나 '이탈리아'는 화산 주변의 뜨거운 땅속에 물을 넣어 고온·고압의 수증기를 만들어 지열 발전을 하거나 난방을 하는 데 이용하고 있습니다. 땅속의 높은 열을 이용하기 때문에 연료비가 많이 절약되고 환경 오염도 예방할 수 있어 일석이조입니다. 하지만 때때로 화산이 분출하여 사람들이 피해를 입습니다.

여러분! 이번에는 신기하면서도 놀라운 현상을 한번 발견해 보아요. 먼저 오른쪽 세계지도를 보아요. 화산 분포 지역을 나타낸 앞의 세계지도와 크게 다른 것이 없죠? 그런데 자세히 보면 화산 지역 대부분에 까만 점들이 많이 찍혀 있지요? 화산 분포 지역과 비슷한 걸 보면 분명히 화산과 관계가

분화
화산이 용암, 화산재, 화산탄, 수증기 등의 물질을 내뿜는 현상

영양 물질
화산재에는 식물을 잘 자라게 하는 물질이 많이 들어 있다.

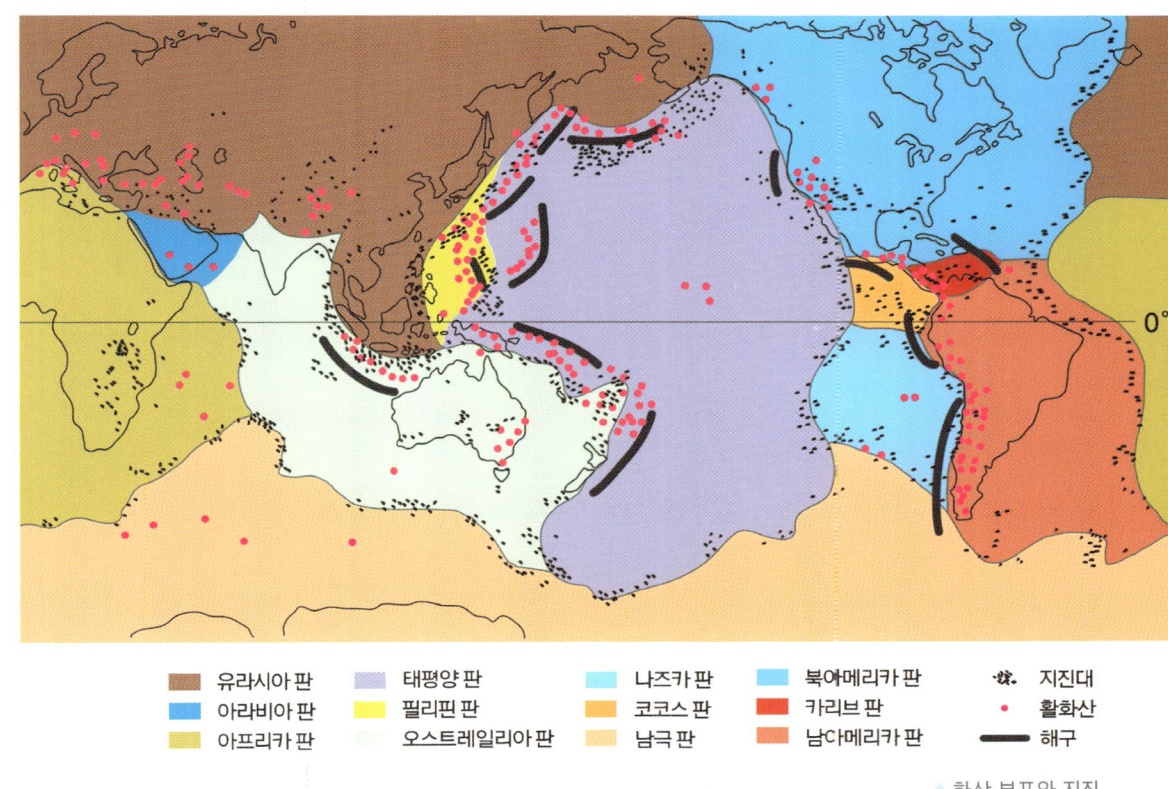

유라시아 판	태평양 판	나즈카 판	북아메리카 판	※	지진대
아라비아 판	필리핀 판	코코스 판	카리브 판	•	활화산
아프리카 판	오스트레일리아 판	남극 판	남아메리카 판	―	해구

▲ 화산 분포와 지진

있을 텐데 무엇을 뜻할까요?

지진대는 지진과 화산이 자주 발생하는 지역을 말합니다. 그래서 화산 분포를 나타낸 노란 점을 따라 까만 점도 함께 찍혀 있었던 것입니다. 즉 지진이 자주 발생하는 지역도 태평양을 중심으로 북아메리카 서부, 알래스카, 일본, 필리핀, 뉴질랜드까지 하나의 고리 모양*을 하고 있습니다. 뉴스를 통해 가까운 나라 일본에서 지진이 발생했다는 소식을 자주 듣게 되는 것도 바로 이 지진대 때문입니다. 여기서 잠깐! 지진과 화산이 발생하는 지역이 비슷한 곳이라면 그 지역들은 어떤 공통된 특징이 있을 것입니다. 그것이 무엇일까요?

고리 모양
태평양을 둘러싼 고리 모양의 화산대를 환태평양 화산대라고 하는데, '불의 고리'라고도 불러요.

우선 지진과 화산은 모두 땅속에서 무엇인가 움직이는 것이에요. 그러면 땅속의 상태가 안정적이지 못하기 때문에 지진과 화산이 발생할 것이라는 점을 예상할 수 있습니다. 그렇습니다. 실제로 앞의 세계지도에 표시된 지역들은 모두 지각*이 불안정한 곳입니다. 지구 내부에서 작용하는 힘에 의해 땅속에서 여러 가지 변화가 일어나는데, 이때의 충격으로 땅이 흔들리거나 화산이 분화하게 된다고 합니다. 우리나라도 강하지는 않지만 자주 지진이 발생합니다. 가까운 일본을 보세요. 강한 지진과 화산이 자주 발생하는 대표적인 곳이지요. 따라서 태평양 연안*에 있는 우리나라도 결코 안심할 수 없다는 것을 기억해야 할 것입니다.

지각
지구의 가장 바깥 껍질이며 대부분 암석으로 되어 있다.

연안
육지와 바다의 경계 지역

열대성 저기압의 여러 가지 이름

화산이 인간에게 꼭 피해만 주지 않았듯이 피해와 도움을 함께 가져다주는 자연재해가 또 있습니다. 그것은 과연 무엇일까요? 다음의 세계지도를 보며 함께 이야기해 보아요.

오른쪽 세계지도에 빨갛게 찍혀 있는 점들은 무엇을 나타낼까요? 먼저 오스트레일리아 북부 해안, 멕시코만 근처, 인도 동부 지역은 특히 빨간 점이 빼곡하지요. 또 모두 바다나 해안 근처이고, 적도를 중심으로 위도 20도 사이에 찍혀 있어요. 그러면 더운 지역의 바다에서 발생한다는 뜻이겠죠? 빨간 점은 '==열대성 저기압==*', 우리에게는 '==태풍=='이란 이름으로 더 친숙한 현상의 발생 지역을 나타냅니다. 여기서 잠깐! 우리나라에도 해마다 여름이나 초가을쯤에 태풍이 찾아오곤 하는데 지도에는 우리나라 근처에는 빨간 점이 전혀 없습니다. 어

저기압
주위보다 기압이 낮은 곳. 상승 기류가 생겨 비가 내리는 일이 많다

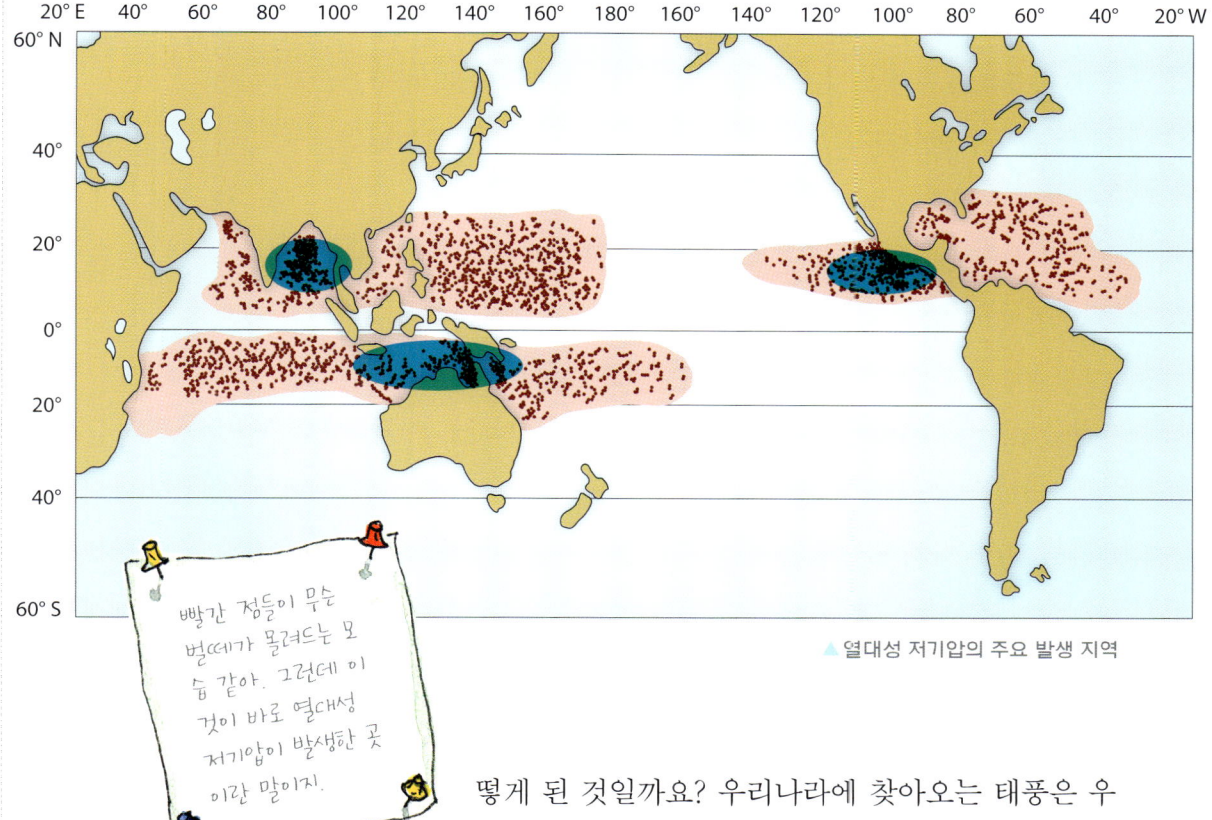

▲ 열대성 저기압의 주요 발생 지역

빨간 점들이 무슨 벌떼가 몰려드는 모습 같아. 그런데 이것이 바로 열대성 저기압이 발생한 곳이란 말이지.

떻게 된 것일까요? 우리나라에 찾아오는 태풍은 우리나라에서 발생한 것이 아니라 주로 북태평양에서 발생하여 우리나라로 이동해서 온 것입니다. 뉴스를 통해서 많이 보았겠지만 태풍이 우리나라를 통과하고 난 뒤에는 그 생명을 다하는 경우가 대부분입니다. 하지만 우리나라를 지나가면서 인명이나 재산 피해를 주는 경우가 많아 우리에게는 그리 반갑지만은 않은 손님이지요.

그러나 이로운 점도 많아요. 태풍은 적도 부근이 태양 빛을 받아 더워졌을 때, 그 열을 급히 북극 지방으로 보내 주는 일을 해요. 만약 태풍이 불지 않으면 북극 지방은 현재보다 더 춥고, 적도 지방은 더 덥겠죠? 그러면 사람이 살 수 있겠어요? 또 태풍은 우리나라에 큰비를 몰고 와서 홍수를 일으키기도 하지만 그때 내리는 비는 농사에 많은 도움을 줍니다.

또 바닷물을 휘저어서 물속에 산소가 잘 녹도록 하고, 바닥에 가라앉은 영양분을 위로 올려 주어서 물고기가 많아집니다. 그러니 태풍이 없으면 안 되겠죠?

그럼 이번에는 빨간 점이 특히 많았던 인도 동부나 멕시코 만 연안, 그리고 호주 북부 해안에서 발생하는 태풍에 대해서도 알아볼까요? 빨간 점이 많았다는 것은 태풍 발생 횟수가 많았음을 의미합니다. 그만큼 태풍으로 유명한 곳이지요. 태풍은 지역마다 다른 이름으로 불려요. 원래 '태풍'이란 이름은 북태평양 남서부에서 발생하여 아시아 대륙 동부로 불어오는 열대성 저기압을 뜻합니다. 다만 매년 우리나라로 이동해 오는 열대성 저기압의 이름이 태풍이므로 자연스럽게 모

▲ 허리케인 카트리나의 태풍의 눈

든 지역의 열대성 저기압을 태풍이란 용어로 사용하기도 하는 것이지요. 그러므로 '열대성 저기압'이 정확한 용어입니다.

여러분 '허리케인'이란 말을 들어 본 적 있나요? 허리케인 역시 열대성 저기압의 이름인데, 멕시코 만 연안*과 카리브 해* 부근에서 발생하는 열대성 저기압을 의미합니다. 허리케인은 강풍과 함께 많은 비를 뿌리는 것으로 유명한데, 지난 2005년에 허리케인 '카트리나' 때문에 미국 남동부 지역이 홍수에 잠겨서 큰 피해를 입었습니다.

다음은 오스트레일리아 북부 해안 지역에서 발생하는 열대성 저기압은 흔히 '윌리윌리'라 불립니다. 이름이 참 재미있죠? 인도 동부 해안, 즉 '벵골 만' 지역의 열대성 저기압은 '사이클론'이라 불리는데, 해마다 근처의 인도, 스리랑카, 방글라데시, 네팔, 미얀마, 베트남, 태국 등지에 사는 사람들에게 큰 피해를 주는 무시무시한 존재입니다.

멕시코 만
북아메리카 대륙의 동남 해안에 있는 큰 만. 플로리다 반도, 유카탄 반도와 쿠바 섬으로 둘러싸여 있으며, 서북쪽 연안에는 세계적인 유전이 있다.

카리브 해
남북아메리카 대륙, 서인도 제도, 대서양 따위에 둘러싸인 바다.

알고 보면 더 재미있는 지도 이야기

강이야, 바다야?

아마존 강은 강 유역이 넓기로 유명합니다. 아마존 강은 길이가 6800km가 넘을 정도로 길 뿐 아니라 수많은 지류가 안고 있는 강 유역의 범위도 엄청 큽니다. 아마존 강이 실제로 얼마나 큰지 알아볼까요?

흐르는 나라	브라질, 콜롬비아, 에콰도르, 페루
유역에 있는 큰 도시	이키토스(페루), 마나우스(브라질), 벨렘(브라질)
길이	약 6800km
유역 면적	약 7,050,000km^2
유량(강 하구)	약 209,000m^3/초

아마존강 하구의 맹그로브 숲

맹그로브 나무

인공위성 사진에서 아마존 강 하구와 대서양이 만나는 지점을 찾아보아요. 얼핏 보기에는 다른 강들처럼 퇴적물이 만들어 낸 삼각주 정도로만 보입니다. 하지만 하구 폭의 실제 크기를 확인하면 정말 놀라지 않을 수 없을 거예요. 강 하구의 폭이 약 331km나 된다고 하는데, 331km는 서울에서 대구까지의 직선거리보다도 훨씬 더 먼 거리입니다. 정말 대단하죠? 강 하구의 폭이 우리나라의 남북 거리와 비교할 수 있을 정도이니 말입니다. 더 놀라운 사실은 아마존 강 전체의 유역 크기는 우리나라 넓이의 70배 이상이나 됩니다. 이렇게 넓은 곳이 열대우림 지역이라니 왜 아마존 강이 '지구의 허파' 구실을 하는지 이해가 될 것입니다.

▲ 아마존 강 하구의 인공위성 사진

05. 세계지도로 보는 지구촌 사람들의 생활 모습

05 세계지도로 보는 지구촌 사람들의 생활 모습

가까운 나라, 먼 나라

하늘길로 본 세계지도

　세계지도를 통해서 우리 인간 생활 모습을 볼 수 있어요. 우리가 떠나는 세계 여행길도, 내 친구 톰과 호나우도가 언제 일어나고 언제 잠자리에 드는지도 알 수 있답니다. 벌써부터 궁금하다고요? 그럼 지금부터 하나씩 살펴보아요.

　교통수단이 발달하면서 세계는 점차 가까워지고 있고, 1일 생활권이 되어 가고 있습니다. 비행기를 이용할 수 있기 때문이겠죠? 다음 지도를 통해 먼저 하늘길에 대해 알아보아요.

　오른쪽 세계지도는 **항공 노선도**를 나타낸 것입니다. 우리나라의 서울을 기준으로 외국의 주요 도시까지 가는 데 걸리는 시간을 함께 나타내고 있습니다. 항공로*를 이용하면 지구촌에서 가지 못하는 곳이 없어 보입니다. 그것도 하루 안에 말입니다. 하지만 조금 더 들여다보면 지역에 따라 노선이 차별화되어 있음을 알 수 있습니다. 즉 항공편수가 많고 그물망처럼 얽혀 쉽게 갈 수 있는 곳이 있는가 하면, 바로 가는 항공편

항공로
비행기가 안전하게 다닐 수 있는 공중의 길

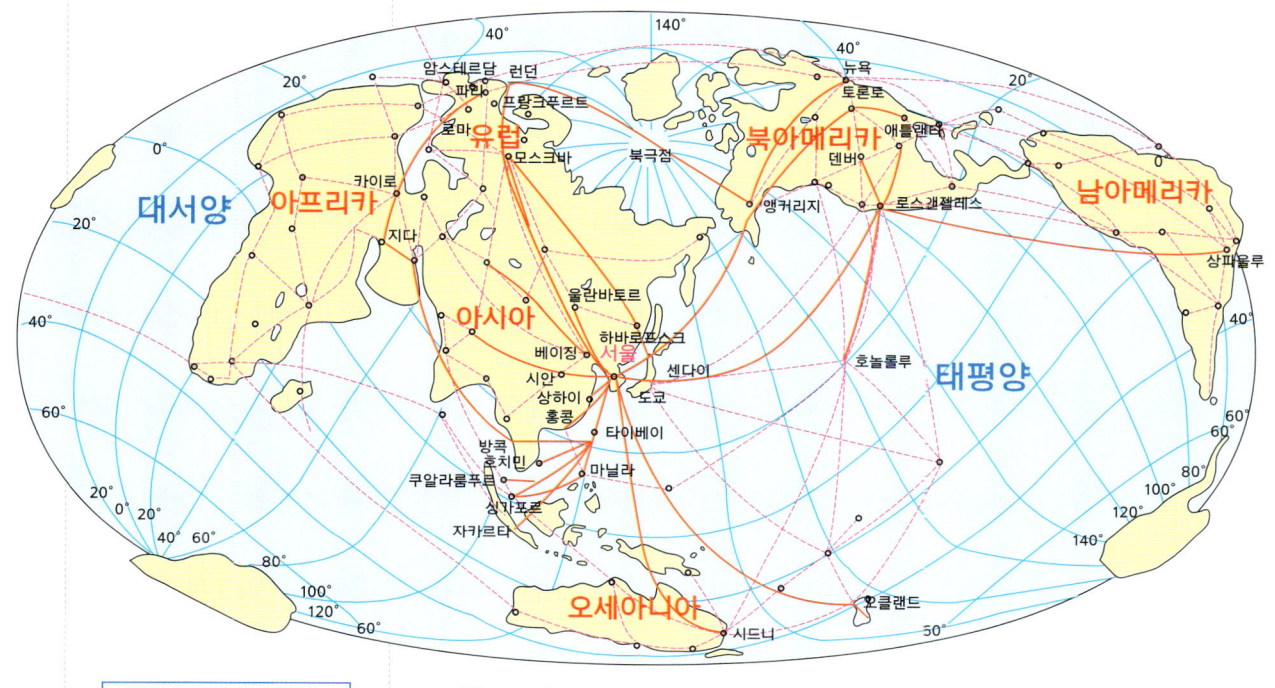

▲ 서울을 중심으로 한 세계 항공 노선도

이 없어 몇 군데를 거쳐서 가야 하는 곳도 있습니다. 이것은 서로의 관계를 나타낸다고 할 수 있습니다.

미국이나 유럽, 동남아시아, 일본과 중국처럼 우리와 경제, 관광, 유학, 이민, 이주 등으로 관계가 밀접한 나라일수록 항공편이 많은 것이죠. 하지만 아프리카나 중앙아시아, 남아메리카 지역 등은 상대적으로* 우리나라와 관계가 가깝지 않기 때문에 서로 왕래가 드뭅니다. 이 때문에 바로 갈 수 있는 항공편이 없어서 주요 도시에서 한 번 내지는 두 번 갈아타야 하는 불편을 감수해야 목적지에 도착할 수 있습니다.

즉 항공 노선과 같은 교통편이 많고 적은 것은 우리나라와 떨어져 있는 실제 거리가 아니라 우리나라와의 관계가 영향을 끼친다고 할 수 있어요. 여기서 잠깐 우리나라를 기준으

상대적으로
다른 것과 비교할 때

로 하여 세계 여러 곳들은 얼마나 멀리 떨어져 있는지 지도를 통해 한번 살펴보아요.

오른쪽 세계지도 역시 앞에서 보았던 항공 노선도처럼 우리가 자주 보았던 세계지도와는 모습이 많이 다르죠? 지구본의 형태에서 우리나라를 세계의 중심에 두고 내려다본 모습을 그린 것이기 때문입니다. 비록 세계 여러 나라의 모양과 크기가 실제와 많이 다르지만 이런 형태의 지도를 이용하면 우리나라에서 얼마나 멀리 떨어져 있는지 한눈에 정확하게 알 수 있는 장점이 있습니다. 그럼 지금부터 우리나라를 기준으로 세계 여러 곳들의 거리를 한번 살펴볼까요?

먼저 가운데 있는 가장 작은 원을 보면, 우리나라와 가장 가까운 중국과 일본을 비롯하여 동아시아 지역 대부분이 우리나라에서 3,000km 안에 자리 잡고 있음을 확인할 수 있습니다. 그러나 지도상에서는 우리나라와 가깝게 보이지만 실제 3,000km라는 거리는 서울에서 부산까지 거리의 약 7배 정도 되는 먼 거리라는 사실을 알아야 합니다.

▲ 우리나라와 세계 여러 곳의 거리

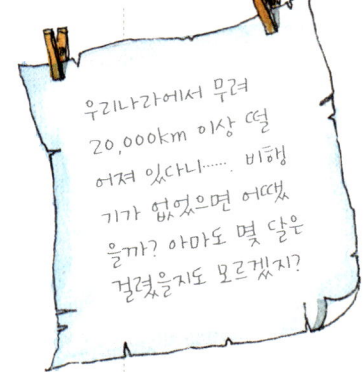

우리나라에서 무려 20,000km 이상 떨어져 있다니……. 비행기가 없었으면 어땠을까? 아마도 몇 달은 걸렸을지도 모르겠지?

다음으로 두 번째 작은 원을 보면, 우리나라에서 대략 6,000km 정도 떨어져 있는 곳들을 나타내는데, 인도와 동남아시아, 그리고 중국과 러시아 대부분 지역들이 이 원 안에 들어 있는 것을 볼 수 있습니다. 특히 6,000km 범위 안에는 북극과 알래스카, 태평양 일부 지역까지 속해 있는 것을 볼 때 얼마나 먼 거리인지 짐작할 수 있을 것입니다.

다음으로 우리나라에서 10,000km나 떨어져 있는 곳들을 나타낸 세 번째 원을 보면, 미국과 캐나다를 비롯하여 오세아니아와 유럽 그리고 중동과 아프리카 북부 지역까지 포함됩니다. 또 대서양과 인도양, 태평양까지도 이 거리 안에 속해 있습니다. 10,000km나 떨어져 있는 이 지역들은 비행기를 타고도 10시간 가까이 걸리니 참 멀다는 것을 알 수 있습니다.

마지막으로 우리나라에서 무려 20,000km 이상이나 떨어져 있는 곳들을 나타내는 가장 바깥쪽의 큰 원을 보면, 아프리카 전 지역과 남아메리카의 일부 지역, 그리고 남극까지 속해 있음을 확인할 수 있습니다. 특히 브라질, 아르헨티나, 칠레 등 남아메리카의 대부분 지역은 20,000km보다도 훨씬 더 멉니다. 지구상에서 우리나라와 정반대 쪽에 아르헨티나가 있습니다. 그래서 우리나라의 대척점*이라고 하죠. 즉 아르헨티나는 우리나라에서 가장 멀리 떨어져 있는 나라라는 것을 알 수 있습니다.

그런데 만일 이 세상에 비행기가 등장하지 않았다면 어떤 상황이 벌어졌을까요? 우리나라의 정반대 쪽에 있는 아르헨티나와 세종기지*가 있는 남극 대륙까지 가려면 아마도 몇 달은 걸렸겠죠? 하지만 지구는 점점 작아지고 있어요. 이동 수

대척점
지구 위의 한 지점에 대하여, 지구의 반대쪽에 있는 지점

세종기지
극지방 연구를 위해 우리나라가 남극에 세운 과학 기지

▲ 시베리아 횡단철도

단이 발달하면서 점점 더 가까워지고 있다는 의미죠.

대륙을 건너는 횡단철도

그럼 항공편을 이용하는 하늘길 외에는 다른 이동 수단이 없을까요? 여기서 다음의 세계지도를 한번 볼까요?

위의 지도는 '**시베리아 횡단철도**[*]'라 불리는 기찻길을 나타낸 것입니다. 아시아 대륙의 동쪽에 있는 블라디보스토크에서 출발하여 러시아의 주요 도시들을 거쳐 수도인 모스크바와 핀란드의 헬싱키까지 연결하는 철도를 말해요. 즉 땅으로도 세계 여러 나라로 이동할 수 있다는 뜻이지요. 이 시베리아 횡단철도를 이용하면 조금 시간이 걸리기는 하지만 유럽까지 기차로 이동할 수 있습니다. 그뿐만이 아닙니다. 유럽까지 가는 길 중간 중간에 러시아의 주요 도시를 두루 구경할 수도 있습니다. 참 괜찮은 여행이 되겠죠? 다만 한 가지 아쉬

> 시베리아 횡단철도를 이용하면 러시아를 거쳐 유럽으로 갈 수 있겠는걸. 그런데 이 일을 어쩌지? 우리나라에서 탈 수 없다니……

횡단철도
동서로 가로놓인 철도.

운 점은 우리나라에서 기차를 타고 출발할 수 없다는 것입니다. 앞의 세계지도를 다시 한 번 볼까요? 우리나라와 시베리아 횡단철도를 연결하려면 반드시 북한을 거쳐야 합니다. 그래야 대륙으로 나아갈 수 있기 때문입니다. 얼마나 안타까운 일입니까? 시베리아 횡단철도를 타고 유럽 여행을 하기 위해서라도 하루빨리 통일이 되어야 하겠죠? 그렇다면 비행기와 기차 외에 다른 이동 수단은 없을까요? 다음의 몇 가지 지도들을 통해 알아보아요.

가장 오래된 교통 수단, 뱃길 지도

아래 세계지도는 배를 이용하는 바닷길을 나타낸 것입니

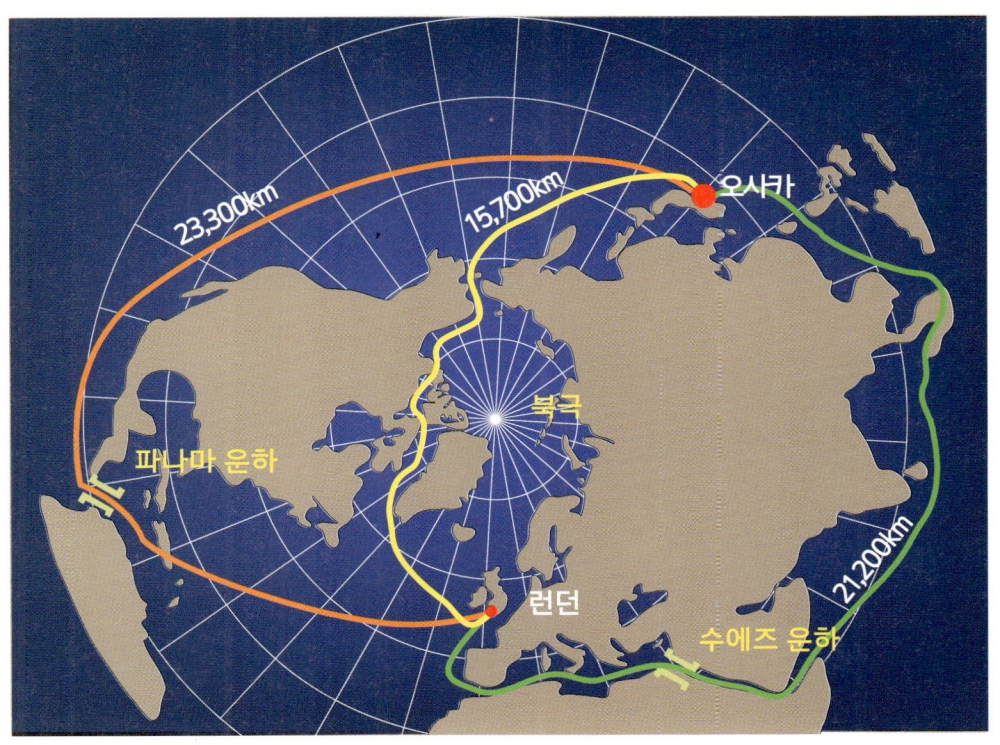

▲ 런던-오사카 항로 길이 비교

다. 배는 세계 여러 나라가 어디에 위치하고 있는지 정확히 모르던 시절부터 현재까지 이용되고 있는 역사가 가장 오래된 이동 수단이라 하겠습니다. 그런데 앞의 세계지도를 보면 세 갈래의 선이 그려져 있습니다. 무슨 의미일까요? 우선 영국의 수도 런던부터 살펴보아요. 그리고 일본의 오사카를 찾아보아요. 만일 런던에서 오사카까지 배를 이용해서 간다면 어떤 길을 선택해야 할까요? 현재는 지도에 나타나 있듯이 파나마 운하나 수에즈 운하*를 통해 이동하고 있습니다. 이 뱃길은 20,000km가 넘는 먼 길입니다. 하지만 지도에 나타나 있는 노란 선, 즉 '**북서 항로***'를 이용하게 되면 그 거리가 6,000km 이상 단축됩니다. 얼마나 놀라운 일입니까? 연료도 절약되고 시간도 단축되니 엄청난 이익입니다. 그렇다면 왜 이렇게 여러 가지로 유리한 뱃길을 두고 운하를 이용하여 멀리 돌아가고 있는 것일까요? 북서 항로는 원래 오래전부터 탐험가들이 뱃길을 열기 위해

운하
배가 다닐 수 있도록 인공적으로 만든 물길

북서 항로
대서양에서 북아메리카의 북쪽 해안(북극 지방)을 따라 태평양에 이르는 물길

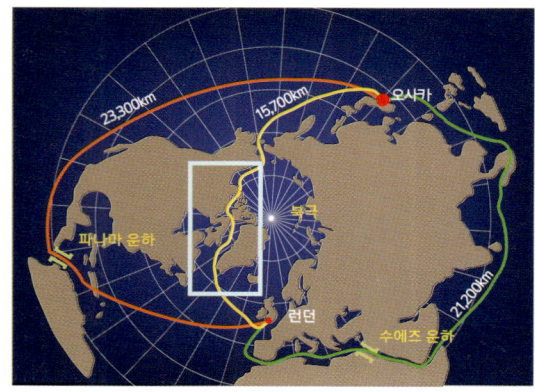

▲ 전설의 북서항로

많은 도전과 노력을 했던 곳이었습니다. 지도를 볼까요?

  앞의 지도를 살펴보면 허드슨 만, 배핀 섬, 로스 해협, 프랭클린 해협 등의 지명이 등장합니다. 바로 북서 항로를 열기 위해 도전했던 탐험가들의 이름을 따서 간든 지명입니다. 이미 오래전부터 탐험가들은 이 북서 항로가 여러 가지로 유리한 점이 많았다는 것을 알고 있었던 것이죠. 하지만 북극의 얼음 때문에 뱃길을 여는 데는 결국 실패하고 말았습니다. 그랬던 북서 항로가 최근으로 오면서 지구 온난화*라는 뜻밖의 현상으로 인해 뱃길이 열릴 가능성이 생기게 되었습니다. 즉 거대한 북극의 얼음이 녹으면서 배가 다닐 수 있는 길이 열린 것입니다. 그러나 바다에 떠다니는 거대한 얼음 덩어리 때문에 배가 다니기에 위험하고, 배가 다니게 되면 북극의 환경이 오염될 것을 염려하여 반대하는 사람도 많습니다. 또한 군사적으로 민감한 지역이어서 북서 항로는 아직까지 미래의 일로 여겨지고 있습니다.

지구 온난화
인간의 활동 때문에 지구의 평균 기온이 높아지는 현상

날짜변경선의 비밀

지도 위에 그려진 시간

  얼마 전, 미국 로스앤젤레스에 있는 내 친구에게 전화를 했다가 큰 실수를 하고 말았어요. 한국 시간으로 오후 7시 정도여서 아무 생각 없이 전화했더니 그만 자고 있지 뭐예요. 그제야 지도를 찾아보니 우리나라가 오후 7시면 미국 로스앤젤

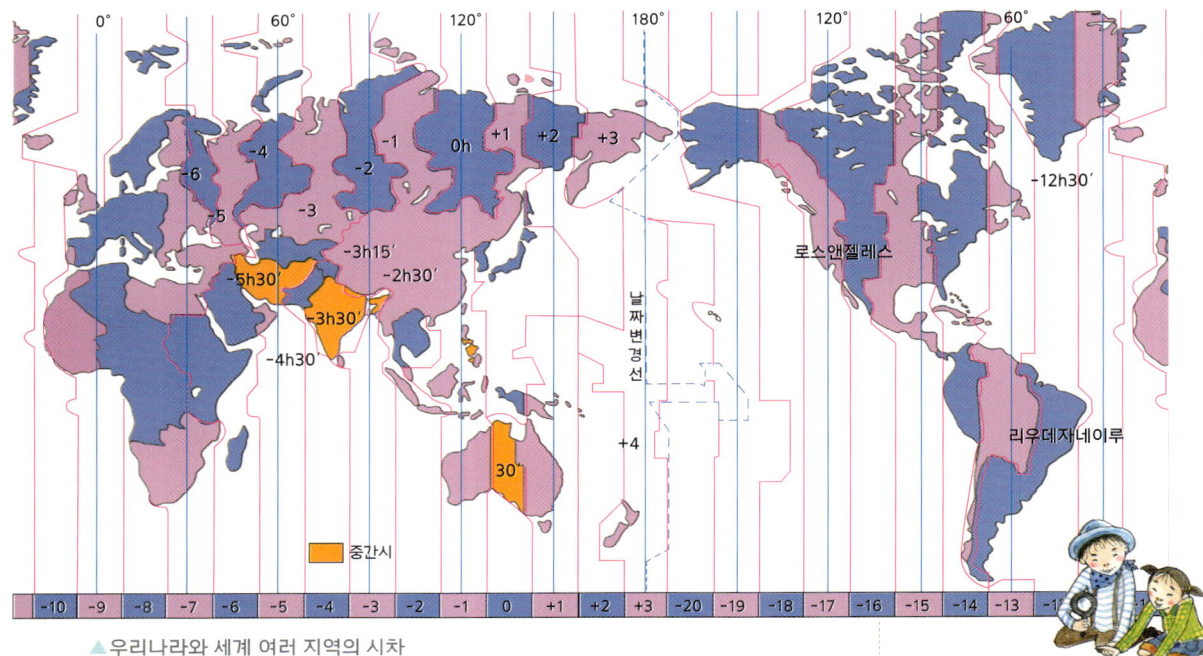

▲ 우리나라와 세계 여러 지역의 시차

레스는 우리나라보다 17시간 늦으니까 새벽 2시가 된다는 것을 알았습니다. 얼마나 미안하던지 미안하다는 말만 하고 전화를 끊을 수밖에 없었습니다.

여러분! 이러한 상황이 왜 벌어질까요? 사람들은 해가 뜨고 지는 데 맞춰 생활합니다. 그런데 해 뜨는 때가 세계의 각 지역마다 다른데, 세계의 사람들이 하나의 시계에 맞춰서 생활한다면 얼마나 불편하겠어요?

그러면 세계 여러 곳의 시각은 어떻게 결정될까요?

위의 세계지도는 세계 여러 나라와 우리나라의 시차*를 나타낸 것입니다. 이렇게 나라마다 시계가 다르면 어떤 문제가 생길까요? 기준 시각을 정해 놓지 않으면 국제적인 회의나 해외 여행, 각종 스포츠 중계에 여러 가지 불편이 따르게 됩니다. 그래서 세계 여러 나라의 대표들은 기준이 되는 표준시

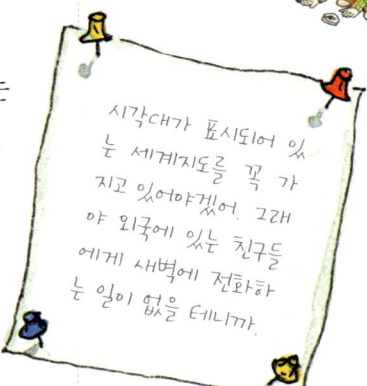

시각대가 표시되어 있는 세계지도를 꼭 가지고 있어야겠어. 그래야 외국에 있는 친구들에게 새벽에 전화하는 일이 없을 테니까.

시차
세계 표준시를 기준으로 하여 정한 세계 각 지역의 시간 차이

를 정하기로 의견을 모았습니다. 바로 영국 런던에 있는 그리니치 천문대를 지나는 경선을 본초자오선(0°)으로 정해 이것을 세계의 표준시로 사용하기로 한 것입니다.

그렇다면 표준시를 기준으로 세계 여러 나라의 시각은 어떻게 정해질까요? 지구는 한 바퀴가 360°입니다. 그런데 1시간에 지구는 15°씩 회전하기 때문에 24시간이면 한 바퀴를 돌게 됩니다. 그래서 하루는 24시간입니다. 본초자오선을 기준으로 15° 단위로 끊으면 지구 전체는 24개 구역이 됩니다. 왼쪽 세계지도 맨 아랫부분을 보면 우리나라와의 시차를 나타낸 숫자들이 있는데, 이것을 모두 헤아려 보면 24개가 나온다는 것을 확인할 수 있을 것입니다. 그럼 이 숫자들은 무엇을 의미할까요? 숫자 앞에 '-'표시가 붙어 있는 시각대는 우리나라보다 시각이 늦다는 뜻이고, '+'표시가 있다는 것은 우리나라보다 시각이 빠르다는 뜻입니다. 지도를 다시 한 번 살펴보면 대부분의 지역이 우리나라보다 시각이 늦음을 알 수 있습니다.

들쭉날쭉 날짜변경선

날짜변경선은 경도 180°*선으로서 세계 표준시의 기준이 되는 본초자오선의 정반대에 위치하고 있습니다. 날짜변경선을 기준으로 서쪽으로 가면 하루를 더하고, 동쪽으로 가면 하루를 빼게 됩니다. 그런데 날짜변경선을 나타내는 파란색 점선을 자세히 살펴보기 바랍니다. 쭉 뻗은 직선이 아니라 서쪽으로 조금 치우친 지역도 있고, 동쪽으로 들쭉날쭉한 지역도 있습니다. 그럼 왜 선이 이렇게 들쭉날쭉할까요?

경도 180°
동경 180°이면서 서경 180°이기도 하다.

그것은 날짜변경선이 태평양 한가운데를 지나는 것과 관계가 있습니다. 즉 태평양에 있는 여러 섬나라들의 경계에 맞춰 날짜변경선을 그었기 때문에 들쭉날쭉한 것입니다. 사람들이 살고 있는 육지나 섬을 피해서 날짜변경선을 긋다 보니 그렇게 된 것이죠. 만일 경도 180°를 정확하게 적용하여 날짜변경선을 그었다면 같은 섬이나 육지에 있는 바로 옆의 장소와도 날짜가 다르게 되어 사람들의 생활이 매우 혼란스럽겠죠?

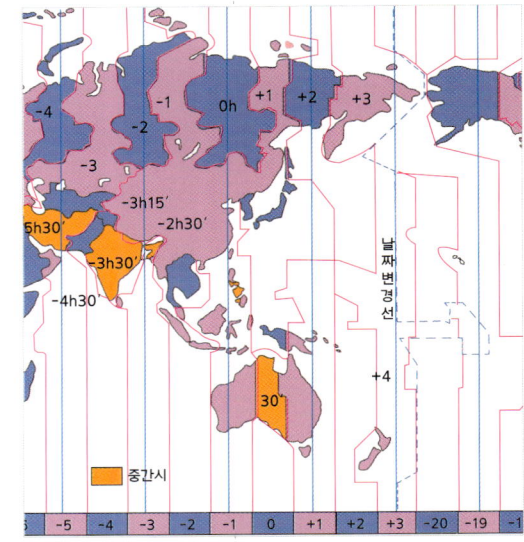
▲ 날짜변경선

여기서 우리나라가 속해 있는 시각대를 한번 살펴볼까요? 역시 시각대를 구분하는 선이 15°씩 끊긴 직선이 아니라 들쭉날쭉하게 그어져 있음을 확인할 수 있습니다. 만일 정확하게 15°씩 그은 선을 기준으로 시각대를 구분한다면 우리나라 안에서도 지역에 따라 시각대가 다르게 됩니다. 그래서 우리나라뿐만 아니라 대부분의 나라는 1개의 시각대를 정해서 사용합니다. 하지만 중국이나 미국, 러시아와 같이 땅이 아주 큰 나라는 상황이 조금 다릅니다.

먼저 중국부터 한번 살펴볼까요? 위의 세계지도를 보면 중국의 경우 15°씩 구분한 시각대를 적용하게 되면 5개의 시각대를 사용해야 합니다. 그러나 중국은 현재 수도인 베이징을 기준으로 하는 1개의 시각대만을 사용하고 있습니다. 이 때문에 중국에서는 시각과 관련하여 여러 가지 재미있는 일들이 벌어지고 있습니다. 한 예로, 중국 서부 지역인 우루무치*에 살고 있는 학생들과 베이징이 있는 동부 지역에 살고 있는

우루무치
베이징에서 서쪽으로 2,000km 이상 떨어져 있다.

학생들의 학교 등교 시간을 비교해 보면 재미있는 현상을 발견할 수 있습니다. 동부 지역에 살고 있는 학생들이 오전 8시경에 학교에 등교하면, 2시간 정도 늦은 서부 지역에 살고 있는 학생들은 실제로 오전 10시에 학교에 가는 셈이 됩니다. 만일 동부 지역에 있는 학생들처럼 서부 지역 학생들도 오전 8시경에 학교에 간다면 실제로 서부 지역 학생들은 동부 지역이 새벽 6시일 때 학교에 가는 셈이 됩니다. 이런 상황만 보아도 면적이 큰 나라에서 1개의 시각대를 사용하면 여러 가지 불편함이 많다는 것을 알 수 있습니다.

다음으로 미국의 경우는 알래스카와 하와이 제도를 제외한 본토 기준으로 4개의 시각대*를 사용합니다. 중국이 여러 가지 불편함에도 불구하고 1개의 시각대를 사용하는 반면, 미국은 4개의 시각대를 사용하고 있는데 이 역시 불편함이 없는 것은 아닙니다. 예를 들어, 한국을 출발하여 로스앤젤레스에서 뉴욕으로 가는 비행기를 갈아탄다고 가정했을 때, 갈아타는 비행기 탑승 시간이 로스앤젤레스 기준인지 뉴욕 기준인지를 분명히 확인해야 놓치지 않고 탈 수 있게 됩니다. 이 외에도 정치, 경제, 사회, 문화 등 어떤 상황에서도 기준 시각대를 표시합니다. 예를 들면 '뉴욕 양키즈 대 로스앤젤레스 다저스의 월드 시리즈 야구 1차전은 동부 시각 저녁 6시(태평양 시각 저녁 9시)에 열린다.'라고 표시합니다.

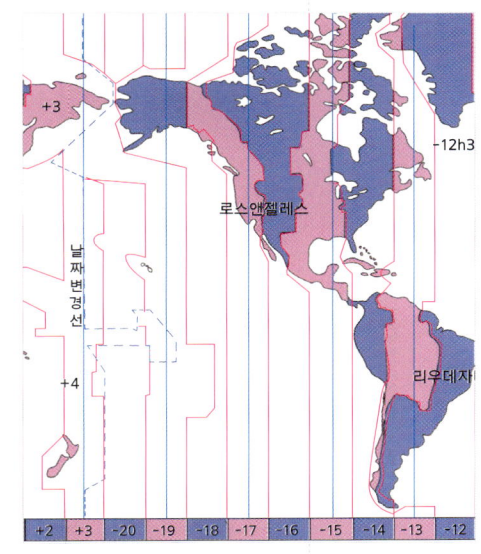
▲ 미국의 시각대

미국의 4개 시각대
동부 표준시
(우리나라보다 14시간 늦다)
중부표준시
(우리나라보다 15시간 늦다)
산악지대 표준시
(우리나라보다 16시간 늦다)
태평양 표준시
(우리나라보다 17시간 늦다)

지구상에 충분한 식량이 있는가?

1인당 칼로리 섭취량

오른쪽 세계지도는 각 나라마다 1인당 하루에 섭취하는 칼로리를 색깔로 구분하여 나타낸 것입니다. 여러분은 '칼로리*'라는 말을 들어 보았나요? 아마도 식단이나 다이어트와 관련하여 많이 들어 보았을 것입니다. 사람은 하루에 최소한 2,300칼로리 이상을 섭취해야 하는데, 여기에 맞추어 식단을 짜고 다이어트 수준을 결정하기도 합니다. 하지만 오른쪽 세계지도에 나타난 칼로리 구분은 건강을 위해 식단을 짜고 다이어트를 하는 것과는 다소 거리가 있습니다. 색깔의 구분을 통해 확인할 수 있듯이 각 나라마다 1인당 하루에 섭취하고 있는 칼로리의 양이 다르기 때문입니다. 적어도 최소한 하루에 필요한 2,300칼로리 이상을 섭취하고 있는 나라는 크게 문제될 것이 없습니다. 여기서 문제가 되는 것은 바로 최소한인 2,300칼로리도 섭취하지 못하고 있는 나라입니다. 지도에서 노란색으로 표시된 지역을 말합니다. 안타깝게도 또 아프리카 대륙의 대부분 나라들이 여기에 해당됩니다. 반면 유럽과 북아메리카 대부분의 지역, 오세아니아와 동아시아 지역 등은 2,300칼로리보다 훨씬 더 많은 2,600~3,200칼로리 정도의 양을 섭취하는 것으로 나타나고 있습니다. 이런 현상 역시 선진국과 후진국 사이에 발생하고 있는 빈부의 격차를 잘 드러내는 예라 하겠습니다.

잘사는 나라들에서는 건강을 위해 음식의 양을 조절해 가

칼로리
열량의 단위. 이전에는 물 1그램을 1℃ 올리는 데 필요한 열량으로 정의하였다. 기호는 cal. 여기서는 음식의 열량을 말하는데 1킬로칼로리, 즉 1,000칼로리에서 '킬로'를 생략하여 그냥 1칼로리라고 사용한 것이다.

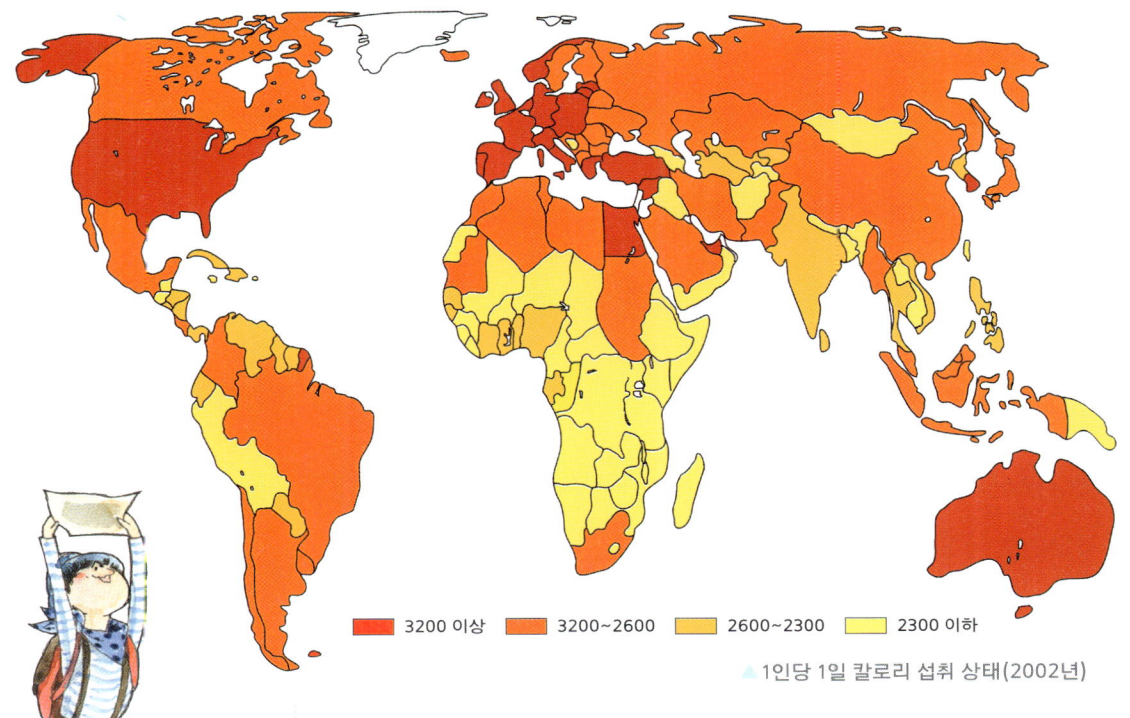

| 3200 이상 | 3200~2600 | 2600~2300 | 2300 이하 |

▲ 1인당 1일 칼로리 섭취 상태(2002년)

며 칼로리를 계산하지만, 후진국의 경우는 그야말로 살기 위해 1칼로리라도 더 섭취해야 하는 그런 상황입니다. 아니 칼로리의 문제가 아니라 허기진 배를 채우는 것이 가장 급한 일일지도 모릅니다. 이 얼마나 안타까우면서도 대조적인 모습이라 할 수 있겠습니까? 여러분이 과자 한 봉지를 사는 데 쓰는 1,000원짜리 한 장이면 아프리카 대륙에서 굶주림에 시달리고 있는 아이 한 명에게 하루 세 끼의 식사를 제공할 수 있다고 합니다. 우리에게는 1,000원이 큰돈이 아닐지 몰라도 그들에게는 하루 세 끼를 해결할 수 있는 소중하고 큰돈입니다. 나부터 그들에게 관심을 가지고 함께 해결해야 하는 지구촌 문제로 인식할 때 모두가 최소한의 필요한 칼로리를 섭취할 수 있는 그런 날이 올 것입니다.

먹거리의 이동

여러분, 우리나라 사람들은 주로 밥을 먹고 삽니다. 때때로 라면이나 국수와 같은 면 종류의 음식을 먹기도 하고 빵을 먹기도 합니다. 밥은 쌀을 가지고 만드는 음식이니까 별 문제가 없습니다. 즉 우리나라에서는 벼*농사를 많이 짓고 있기 때문에 쌀을 구하기가 어렵지 않습니다. 하지만 면 종류의 음식이나 빵의 주 원료가 되는 밀가루의 경우는 어떨까요? 아쉽게도 우리나라에서는 밀가루를 만드는 데 필요한 밀*이 거의 생산되지 않고 있습니다. 그렇다면 우리가 즐겨 먹는 면이나 빵의 재료인 밀가루는 어디서 나오는 것일까요? 그것도 엄청난 양의 밀가루가 필요한데 말입니다. 우리나라는 밀가루를 만드는 데 필요한 밀을 대부분 다른 나라에서 수입하고 있습니다. 그럼 어느 나라에서 수입할까요? 당연히 밀을 많이 생산하고 있는 나라에서 수입을 하고 있습니다. 그럼 여기서 그 나라들이 어떤 나라들인지 다음의 세계지도를 통해 알아보기로 해요.

먼저 오른쪽의 세계지도는 **세계의 밀 생산과 이동**을 표시한 것입니다. 주요 생산 지역으로 미국과 캐나다, 러시아와 인도 그리고 중국의 일부, 오스트레일리아 남부 지역 등을 들 수 있습니다. 그럼 이들 지역에서 생산된 밀이 어느 지역으로 이동을 하고 있는지 갈색 화살표를 통해 살펴볼까요? 우선 미국과 오스트레일리아의 경

벼
볏과의 한해살이풀. 줄기는 높이가 1~1.5미터이고 속이 비었으며, 마디가 있다. 동인도가 원산지로 각지의 논이나 밭에 심는다.

밀
볏과의 한해살이풀 또는 두해살이풀. 높이는 0.9~1.5미터로 마디가 있고 속은 비어 있다. 꽃이삭은 6~12cm이고 줄기 끝에 달리는데 방추형이다. 중요한 농산물의 하나로 기원전 3~4천 년부터 재배하여 왔으며, 현재 세계의 농작물 가운데 가장 넓은 재배 면적을 차지하고 있다. 간장, 된장, 빵, 과자 따위의 원료로 쓴다. 아프가니스탄에서 카스피 해 지역이 원산지이다.

▲ 수출할 밀을 싣고 있는 배

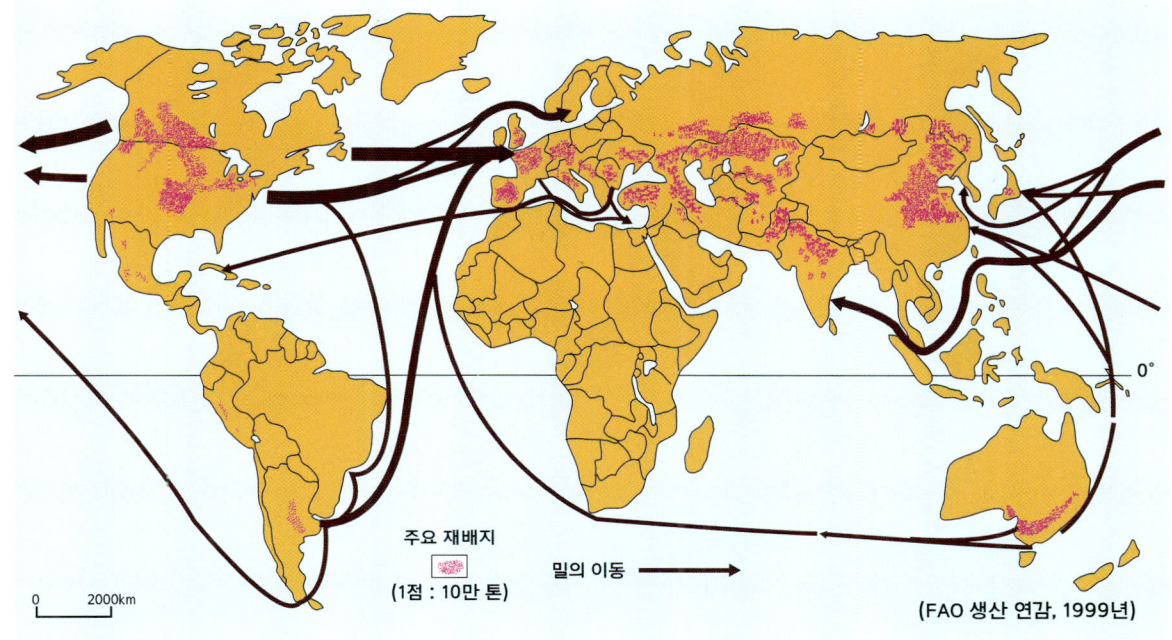

▲ 세계의 밀 생산과 이동

우는 자기 나라의 국민들이 먹을 밀이 충분히 확보된 상태이기 때문에 나머지는 다른 나라로 수출하고 있음을 알 수 있습니다. 반면 재미있게도 유럽과 중국의 경우는 밀을 많이 생산하지만 더 많은 양의 밀이 필요하기 때문에 일부는 다른 나라에서 수입하고 있습니다. 우리나라 또한 앞에서 언급했듯이 대부분의 밀을 수입하고 있음을 지도를 통해 알 수 있습니다.

다음 쪽에 나오는 세계지도는 **쌀의 생산과 이동**에 관해 나타낸 것입니다. 신기하게도 쌀의 경우는 세계 여러 곳에서 생산되는 것이 아니라 주로 인도와 중국, 동남아시아와 동아시아 등 대부분이 아시아 지역에서 생산되고 있습니다. 이 지역들은 쌀을 주식으로 하고 있기 때문에 생산된 쌀 역시 수출을 하기보다는 자기 나라에서 바로 소비를 하는 경우가 대

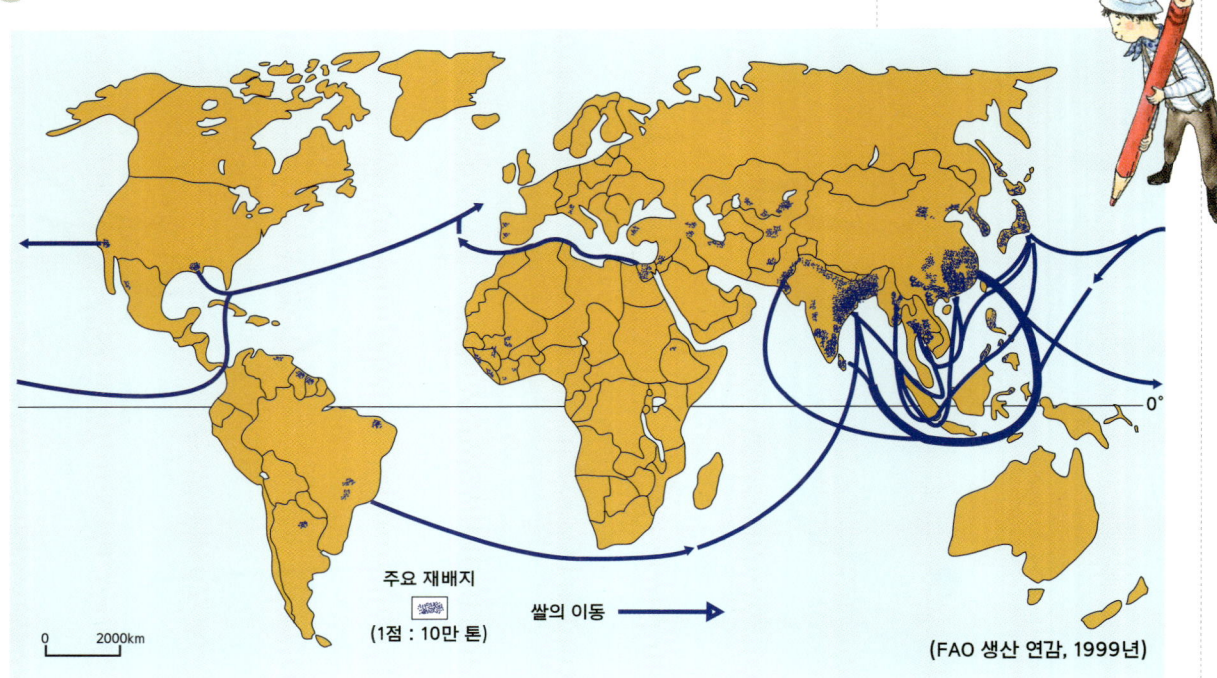

▲ 세계의 쌀 생산과 이동

부분입니다. 따라서 쌀의 경우는 밀보다 국제적인 이동량이나 이동의 범위가 크지 않습니다. 중국이나 인도의 경우처럼 인구가 너무 많은 나라들은 자국에서 생산되는 쌀로는 식량을 해결하기가 어렵기 때문에 아시아의 가까운 다른 나라에서 수입을 합니다.

 그런데 밀과 쌀의 생산과 이동 어느 것도 아프리카 대륙은 별로 관계가 없습니다. 즉 넓은 대륙에서 밀과 쌀이 생산되는 지역이 거의 없고, 엄청난 양의 식량이 필요하지만 밀과 쌀의 수입도 그다지 많지 않다는 사실이 이를 잘 말해 줍니다. 아프리카 대부분의 나라들에게 식량 부족 문제가 심각합니다. 그럼 이 식량 문제를 어떻게 해결해야 할까요? 많이 생산되는 지역에서 수입을 하면 되지 않을까요? 하지만 막대한 돈이 필요하겠죠? 그런데도 아프리카로 들어오는 밀이나 쌀의 양이 그리 많지 않은 걸 보면 밀과 쌀을 구입할 수 있는 돈이 아프리카에는 없다고 봐야 할 것입니다.

식사 도구로 본 문화권

밀과 쌀의 이동에 대한 이야기를 한 김에 이번에는 여러 가지 음식들을 먹는 문화에 대한 이야기를 해 보면 어떨까요? 특히 세계 여러 나라에서 사용되고 있는 식사 도구를 통해 음식 문화에 대한 이야기를 해 보아요.

다음 쪽에 나오는 지도는 각 나라마다 주로 사용하고 있는 **식사 도구를 기준으로 문화권을 구분한 세계지도**입니다. 즉 비슷한 식사 도구를 사용하고 있는 나라들을 하나의 공통된 문화권*으로 간주하여 색깔로 구분한 것입니다. 먼저 파란색으로 표시되어 있는 젓가락 문화권부터 살펴볼까요? 우리나라를 비롯하여 중국과 일본이 여기에 속합니다. 전 세계에서 젓가락을 사용하는 나라가 한국, 중국, 일본 정도뿐이라는 사실이 놀랍죠? 한국, 중국, 일본은 거리만 가까운 관계가 아니라 젓가락을 사용한다는 공통점도 가지고 있는 관계랍니다. 그렇다면 나머지 수많은 나라들은 어떤 도구를 사용하여 음식

문화권
공통된 특징을 보기는 어떤 문화가 지리적으로 분포하는 범위

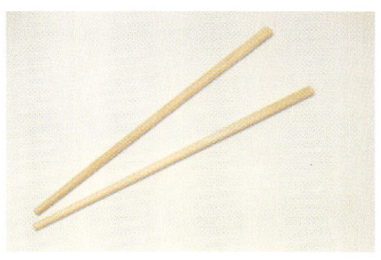 

▲ 젓가락, 포크와 나이프

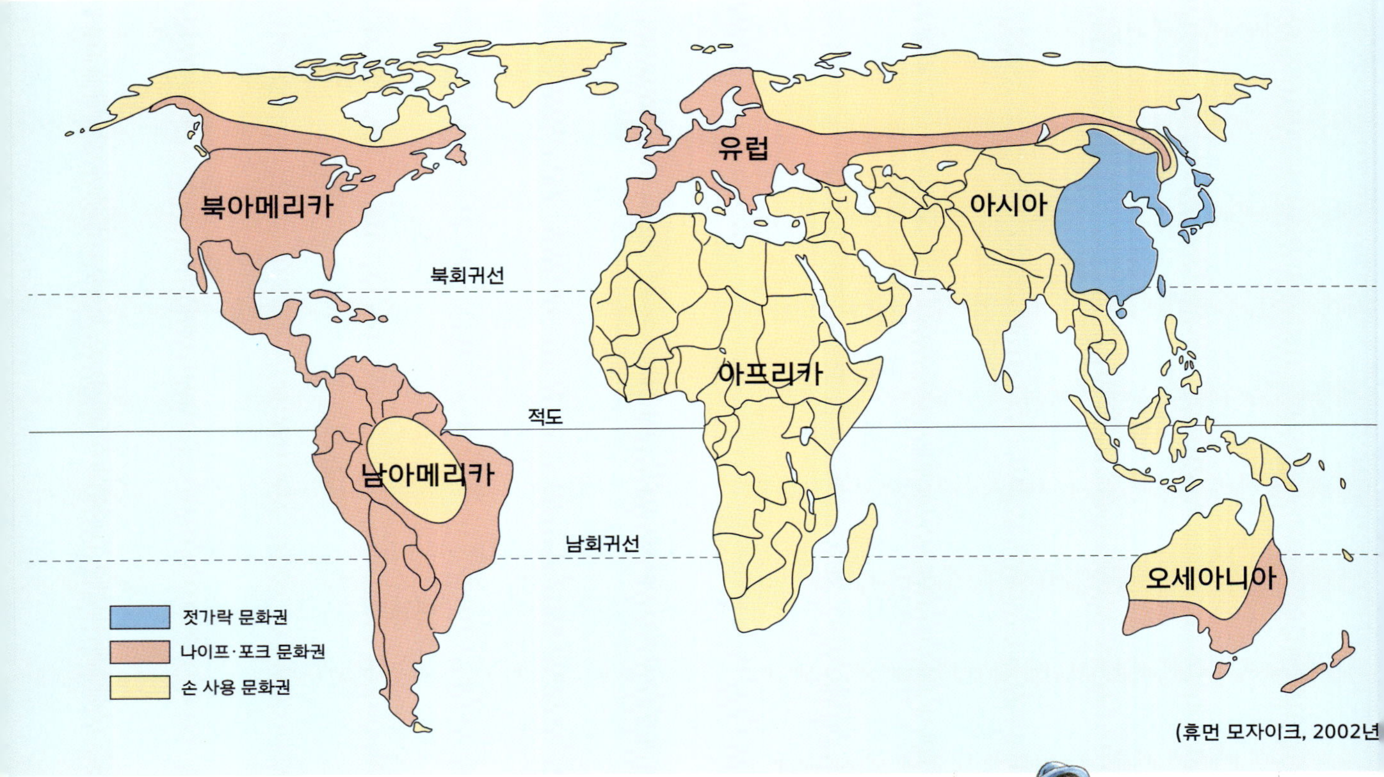

북아메리카
유럽
아시아
북회귀선
아프리카
적도
남아메리카
남회귀선
오세아니아

■ 젓가락 문화권
■ 나이프·포크 문화권
■ 손 사용 문화권

(휴먼 모자이크, 2002년)

▲ 식사 도구로 구분한 문화권

을 먹을까요? 아마 포크와 나이프를 쉽게 떠올릴 수 있을 것입니다. 그럼 실제로는 어떤지 세계지도를 통해 확인해 볼까요?

위의 지도에서 빨간색으로 표시된 곳들을 보아요. 아메리카와 유럽의 대부분 지역, 오세아니아에서 포크와 나이프를 사용하고 있다는 것을 알 수 있습니다. 이 지역은 주로 빵과 고기를 먹기 때문에 포크와 나이프는 필수라고 할 수 있겠죠? 여기서 잠깐! 그럼 젓가락도 사용하지 않고 포크랑 나이프도 사용하지 않

젓가락을 사용하는 나라가 동아시아 지역뿐이야? 그리고 손을 사용해서 음식을 먹는 나라들이 이렇게 많아? 하하하. 만약에 아프리카나 중동 지역으로 여행할 일이 있으면 수저는 필요 없겠는걸.

는 나라에서는 도대체 음식을 어떻게 먹을까요? 또 다른 도구를 사용할까요? 그렇지 않으면 그냥 맨손으로 먹을까요?

노란색으로 표시된 지역들을 한번 보아요. 동아시아를 제외한 아시아 대부분의 지역, 아프리카 전 지역과 극지방, 아마존 강 유역과 호주 일대까지 노란색으로 표시되어 있는데요. 바로 손을 사용해서 음식을 먹는* 곳들입니다. 물론 이곳에서도 젓가락이나 포크와 나이프 등을 사용하여 음식을 먹기도 하지만 주로 손을 사용하여 음식을 먹는 문화가 일반적이라는 것이지요. 이렇게나 많은 지역에서 손으로 음식을 먹고 있구나 하는 생각도 들겠지만 손으로 음식을 먹는 것도 엄연히 하나의 문화인 만큼 서로 존중해 주는 자세가 바람직할 것입니다.

손을 사용하여 음식을 먹는
손으로 밥을 먹느냐, 도구를 이용하여 먹느냐는 문화와 습관의 차이일 뿐 문화의 우월과는 아무 관계가 없다.

적도, 남·북회귀선과 커피

　우리가 일상생활에서 자주 접하게 되는 커피! 이 커피의 원료는 어디에서 생산될까요? 커피는 커피나무 열매의 씨, 즉 커피콩을 볶아 만든 가루를 말합니다.

　지도에서 분홍색으로 표시된 곳은 세계에서 커피콩을 가장 많이 생산하는 10개의 나라를 나타낸 것입니다. 커피콩 생산지로 유명한 브라질, 콜롬비아, 에티오피아는 당연히 들어가지요. 다음으로 노란 부분은 10대 생산국에는 포함되지 않으나 그래도 많이 생산하고 있는 지역을 나타냅니다. 그런데 여기서 잠깐! 이런 나라들의 위치를 살펴보아요. 거의 대부분의 나라들이 적도를 중심으로 남·북회귀선 안에 들어 있지요? 이건 우연이 아닙니다. 이것을 가리켜 사람들은 '커피 벨트'라고 부릅니다.

　그럼 왜 남·북회귀선 안의 지역들에서 커피콩이 많이 생산될까요?

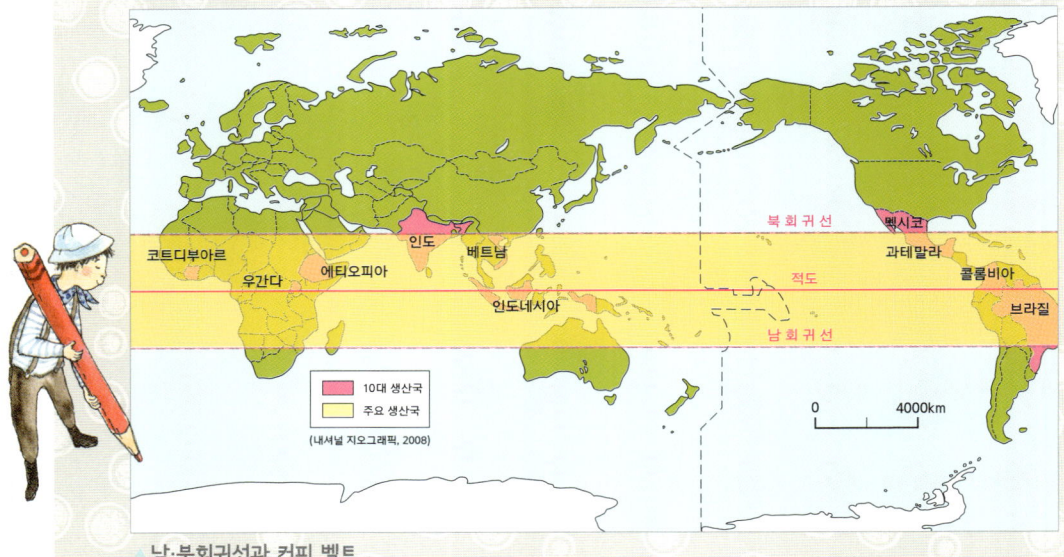

▲ 남·북회귀선과 커피 벨트

커피콩

▲ 커피나무 밭

커피나무는 남·북위 20° 이내의 지역에서 잘 자랍니다. 이 지역은 바로 남·북회귀선 안의 지역과 거의 일치합니다. 커피나무는 서리가 내리지 않아야 하고, 기온이 너무 높거나 낮아서도 안 되며, 강수량과 습도도 적당해야 잘 자랍니다.

즉 일 년 내내 따뜻해야 일 년 내내 꽃이 피고 열매가 열려 생산을 많이 할 수 있지요. 열대나 아열대 지방이 커피의 원료 생산에 유리한 것도 바로 그 때문입니다. 그리고 특히 커피 콩의 생산지로 가장 유명한 아프리카의 고산지대나 브라질 부근은 고도가 높고 일교차가 크며, 토양까지 알맞아 질 좋은 커피콩을 생산하기에 안성맞춤입니다. 그럼 지금 당장 집에 있는 커피의 원료 생산지를 확인해 보아요. 브라질인가요? 콜롬비아인가요? 그렇지 않으면 에티오피아인가요? 베트남일 수도 있어요!

세상을 보여주는 똑똑한 세계지도 교과 연계표

학년 학기	쪽수	단원	관련내용
초등 사회 3-1	9쪽	1. 고장의 모습 (1)하늘에서 본 우리 고장	지구는 어떤 모습일까요? 10~11쪽
초등 사회 3-1	19쪽	1. 고장의 모습 (2)고장의 자연과 우리의 생활	기후에 따라 달라요 98~101쪽
초등 사회 3-1	34~35쪽	1. 고장의 모습 (4)마을의 그림지도	지도는 종이에만 그렸을까? 34~35쪽
초등 사회 3-2	90쪽, 112~113쪽	3. 다양한 삶의 모습 (1)우리들이 살아가는 모습 (4)서로 배우고 존중하는 문화	식사 도구로 본 문화권 131~133쪽
초등 사회 4-1	90~95쪽, 116~123쪽	3. 우리 지역과 관계 깊은 곳 (1)우리 지역과 자매결연을 맺고 있는 곳 (4)함께 사는 우리 지역	세계 속의 대한민국, 대한민국 속의 세계 71~75쪽
초등 사회 6-1	8쪽	1. 우리 국토의 모습과 생활	나라마다 다른 세계지도 27~30쪽 우리나라 중심의 세계지도도 있어요 31~33쪽
초등 사회 6-1	10~15쪽	1. 우리 국토의 모습과 생활 (1)우리 국토의 위치와 영역	대한민국은 어디에 있을까요? 38~41쪽
초등 사회 6-1	12쪽	1. 우리 국토의 모습과 생활 (1)우리 국토의 위치와 영역	대륙을 건너는 횡단철도 118~119쪽
초등 사회 6-1	17쪽	1. 우리 국토의 모습과 생활 (2)기후와 우리 생활	위도와 경도로 찾기 43~47쪽
초등 사회 6-1	17쪽	1. 우리 국토의 모습과 생활 (2)기후와 우리 생활	우리나라와 위도가 비슷한 나라 48~49쪽
초등 사회 6-1	23~24쪽	1. 우리 국토의 모습과 생활 (2)기후와 우리 생활	열대성 저기압의 여러 가지 이름 108~110쪽
초등 사회 6-1	44~46쪽	1. 우리 국토의 모습과 생활 (5)우리나라의 인구	우리나라와 크기가 비슷한 나라들의 인구, 인구밀도는? 64~66쪽
초등 사회 6-1	44~51쪽	1. 우리 국토의 모습과 생활 (5)우리나라의 인구	인구 증가와 도시화 문제 76~77쪽 도시가 발달하는 과정 77~83쪽
초등 사회 6-2	52쪽	2. 세계 여러 지역의 자연과 문화 (1)세계의 자연과 문화 지구본과 세계지도	나라마다 시대마다 달랐던 지구의 모습 11~18쪽

학년 학기	쪽수	단원	관련내용
초등 사회 6-2	52~53쪽	2. 세계 여러 지역의 자연과 문화 (1)세계의 자연과 문화 지구본과 세계지도	지구는 어떤 모습일까요? 10~11쪽
초등 사회 6-2	53쪽	2. 세계 여러 지역의 자연과 문화 (1)세계의 자연과 문화 지구본과 세계지도	오늘날 세계지도의 모습 18~20쪽
초등 사회 6-2	53쪽	2. 세계 여러 지역의 자연과 문화 (1)세계의 자연과 문화 지구본과 세계지도	지도 위에 세계를 나타내는 방법 20~26쪽
초등 사회 6-2	53쪽	2. 세계 여러 지역의 자연과 문화 (1)세계의 자연과 문화 지구본과 세계지도	위도와 경도로 찾기 41~45쪽
초등 사회 6-2	54~56쪽, 70~76쪽	2. 세계 여러 지역의 자연과 문화 (1)세계의 자연과 문화	사람이 살기 힘든 곳 83~85쪽
초등 사회 6-2	54~56쪽, 60~61쪽, 72~73쪽, 102쪽	2. 세계 여러 지역의 자연과 문화 (1)세계의 자연과 문화 (2)육지가 넓고 인구가 많은 북반구 (3)바다가 넓고 자원이 풍부한 남반구 3. 정보화, 세계화 그리고 우리 (2)세계화와 우리 생활	사막과 사막화 95~98쪽
초등 사회 6-2	54~57쪽	2. 세계 여러 지역의 자연과 문화 (1)세계의 자연과 문화	기후에 따라 달라요 98~101쪽
초등 사회 6-2	55쪽, 61쪽, 70~73쪽	2. 세계 여러 지역의 자연과 문화 (1)세계의 자연과 문화	사람들이 모여 사는 강 91~95쪽
초등 사회 6-2	55쪽, 74~75쪽	2. 세계 여러 지역의 자연과 문화 (1)세계의 자연과 문화 (3)바다가 넓고 자원이 풍부한 남반구	화산과 지진으로 본 세계 102~106쪽
초등 사회 6-2	56쪽	2. 세계 여러 지역의 자연과 문화 (1)세계의 자연과 문화	식사 도구로 본 문화권 131~133쪽
초등 사회 6-2	61쪽	2. 세계 여러 지역의 자연과 문화 (2)육지가 넓고 인구가 많은 북반구	전 세계의 인구밀드 지도 65~68쪽 세계의 인구밀도 68~70쪽 인구 숫자만으로 본 세계 70~71쪽
초등 사회 6-2	64쪽	2. 세계 여러 지역의 자연과 문화 (2)육지가 넓고 인구가 많은 북반구	두 개로 갈라진 미국 50~51쪽
초등 사회 6-2	70~71쪽	2. 세계 여러 지역의 자연과 문화 (3)바다가 넓고 자원이 풍부한 남반구	강이야, 바다야? 110~111쪽
초등 사회 6-2	79~83쪽	2. 세계 여러 지역의 자연과 문화 (4)음식으로 세계 만나기	먹거리의 이동 128~131쪽

아시아

나라 이름	수도	국기
그루지야	트빌리시	
네팔	카트만두	
대한민국(남한)	서울	
동티모르	딜리	
라오스	비엔티안	
레바논	베이루트	
말레이시아	쿠알라룸푸르	
몰디브	말레	
몽골	울란바토르	
미얀마	네피도	
바레인	마나마	
방글라데시	다카	
베트남	하노이	
부탄	팀푸	
브루나이	반드르스리브가완	
사우디아라비아	리야드	
스리랑카	스리자야와르데나푸라코테(입법, 사법), 콜롬보(행정)	
시리아	다마스쿠스	
싱가포르	싱가포르	
아랍에미리트	아부다비	
아르메니아	레반	
아제르바이잔	바쿠	
아프가니스탄	카불	
예멘	사나	
오만	무스카트	
요르단	암만	
우즈베키스탄	타슈켄트	
이라크	바그다드	
이란	테헤란	
이스라엘	예루살렘	
인도	뉴델리	
인도네시아	자카르타	
일본	도쿄	
조선민주주의인민공화국(북한)	평양	

나라 이름	수도	국기
중국	베이징	
카자흐스탄	아스타나	
카타르	도하	
캄보디아	프놈펜	
쿠웨이트	쿠웨이트시티	
키르기스스탄	비슈케크	
타이(태국)	방콕	
타이완(대만)	타이베이	
타지키스탄	두샨베	
터키	앙카라	
투르크메니스탄	아슈하바트	
파키스탄	이슬라마바드	
필리핀	마닐라	

아프리카

나라 이름	수도	국기
가나	아크라	
가봉	리브르빌	
감비아	반줄	
기니	코나크리	
기니비사우	비사우	
나미비아	빈트후크	
나이지리아	아부자	
남수단	주바	
남아프리카공화국	프리토리아(행정), 케이프타운(입법), 블룸폰테인(사법)	
니제르	니아메	
라이베리아	몬로비아	
레소토	마세루	
르완다	키갈리	
리비아	트리폴리	
마다가스카르	안타나나리보	
말라위	릴롱궤	
말리	바마코	
모로코	라바트	
모리셔스	포트루이스	
모리타니	누악쇼트	

나라 이름	수도	국기
모잠비크	마푸토	
베냉	포르토노보	
보츠와나	가보로니	
부룬디	부줌부라	
부르키나파소	와가두구	
상투메프린시페	상투메	
서사하라	엘아이운	
세네갈	다카르	
세이셸	빅토리아	
소말리아	모가디슈	
수단	카르툼	
스와질랜드	음바바네(행정), 로밤바(공식)	
시에라리온	프리타운	
알제리	알제	
앙골라	루안다	
에리트레아	아스마라	
에티오피아	아디스아바바	
우간다	캄팔라	
이집트	카이로	
잠비아	루사카	
적도기니	말라보	
중앙아프리카공화국	방기	
지부티	지부티	
짐바브웨	하라레	
차드	은자메나	
카메룬	야운데	
카보베르데	프라이아	
케냐	나이로비	
코모로	모로니	
코트디부아르	야무수크로	
콩고공화국	브라자빌	
콩고민주공화국	킨샤사	
탄자니아	도도마	
토고	로메	
튀니지	튀니스	

유럽

나라 이름	수도	국기
그리스	아테네	
네덜란드	암스테르담	
노르웨이	오슬로	
덴마크	코펜하겐	
독일	베를린	
라트비아	리가	
러시아	모스크바	
루마니아	부쿠레슈티	
룩셈부르크	룩셈부르크	
리투아니아	빌뉴스	
리히텐슈타인	파두츠	
마케도니아	스코페	
모나코	모나코	
몬테네그로	포드고리차	
몰도바	키시네프	
몰타	발레타	
바티칸	바티칸시티	
벨기에	브뤼셀	
벨로루시	민스크	
보스니아헤르체고비나	사라예보	
불가리아	소피아	
산마리노	산마리노시티	
세르비아	베오그라드	
스웨덴	스톡홀름	
스위스	베른	
슬로바키아	브라티슬라바	
슬로베니아	류블랴나	
아이슬란드	레이캬비크	
아일랜드	더블린	
안도라	안도라라베야	
알바니아	티라나	
에스토니아	탈린	
에스파냐	마드리드	
영국	런던	

나라 이름	수도	국기
오스트리아	빈	
우크라이나	키예프	
이탈리아	로마	
체코	프라하	
크로아티아	자그레브	
키프로스	니코시아	
포르투갈	리스본	
폴란드	바르샤바	
프랑스	파리	
핀란드	헬싱키	
헝가리	부다페스트	

남아메리카

나라 이름	수도	국기
가이아나	조지타운	
볼리바르베네수엘라	카라카스	
볼리비아	라파스(행정), 수크레(공식)	
브라질	브라질리아	
수리남	파라마리보	
아르헨티나	부에노스아이레스	
에콰도르	키토	
우루과이	몬테비데오	
칠레	산티아고	
콜롬비아	보고타	
파라과이	아순시온	
페루	리마	

북아메리카

나라 이름	수도	국기
과테말라	과테말라시티	
그레나다	세인트조지스	
니카라과	마나과	
도미니카공화국	산토도밍고	
도미니카연방	로조	
멕시코	멕시코시티	
미국	워싱턴	
바베이도스	브리지타운	

나라 이름	수도	국기
바하마	나소	
벨리즈	벨모판	
세인트루시아	캐스트리스	
세인트빈센트그레나딘	킹스타운	
세인트키츠네비스	바스테르	
아이티	포르토프랭스	
안티구아바부다	세인트존스	
엘살바도르	산살바도르	
온두라스	테구시갈파	
자메이카	킹스턴	
캐나다	오타와	
코스타리카	산호세	
쿠바	아바나	
트리니다드토바고	포트오브스페인	
파나마	파나마시티	

오세아니아

나라 이름	수도	국기
나우루	야렌	
뉴질랜드	웰링턴	
마셜 제도	마주로	
미크로네시아	팔리키르	
바누아투	포트빌라	
서사모아	아피아	
솔로몬제도	호니아라	
오스트레일리아	캔버라	
키리바시	타라와	
통가	누쿠알로파	
파푸아뉴기니	포트모르즈비	
팔라우	멜레케오크	
피지	수바	

북멘토 주제학습 교과서로 새학기 공부 끝!
초등 선생님들이 가장 권하고 싶은 책 『주제학습 교과서』

과학기술부인증우수과학도서선정 ★ 각종독서논술단체선정
웅진북클럽 ★ 박학천논술교실 ★ 어린이과학동아
어린이문화진흥회 ★ 대교창의독서 ★ 한우리독서논술

주제학습 시리즈 전 25권 세트
정가 197,000원

최고의 초등 교육 전문가들이 만든 제2의 교과서

교육 과정과 교과서의 구조를 잘 알고 현장에서 다양한 경험을 가지고 있는 현직 초등학교 선생님과 교육 대학 교수님, 아이들의 눈높이에 맞는 재미있는 글로 호흡해 온 동화작가가 모여 3년 동안의 연구 및 집필 과정을 거쳐 만들어낸 성과!

저자 조성실 누원초등학교 교사·강미선 전 수학교사, 서로맘·홍선호 예일초등학교 교사·고래발자국 과학동화 작가·임종덕 서울대학교 지구환경과학부 BK21 교수·손정우 경상대학교 물리교육과 교수·전화영 오금고등학교 과학 교사·오차환 한양대학교 물리학과 교수·장병기 춘천교육대학교 과학교육과 교수·김성화·권수진 과학동화 작가·성혜숙 취경중학교 과학교사·송호정 공주대학교 교수·신명경 경인교육대학교 교수·김재일 도리원초등학교 교사·전혜은 안남초등학교 교사·청동말글 동화작가 그룹·은예숙 서운초등학교 교사·박정애 윤중중학교 교사·설규주 경인교육대학교 교수·박윤경 청주교육대학교 교수

초등사회
- 01 세상에 단 하나뿐인 지도
- 02 영차영차 생산과 산업, 나누어서 척척 분업
- 03 바퀴에서 우주선까지, 연기에서 인터넷까지
- 04 다달이 철철이 우리 조상들의 한해살이
- 05 원이, 5박 6일 경제 여행을 마치다
- 06 아하! 그래서 유명하구나!
- 07 견우랑 직녀랑 옛날로 go! 요즘으로 go!
- 08 오봉, 삼권분립 랜드에 가다
- 09 신데렐라 유리구두는 몇 명이나 신어봤을까?
- 10 새로 쓰는 가족 이야기
- 11 세상을 보여주는 똑똑한 세계지도

초등과학
- 01 호기심, 달나라에 착륙하다
- 02 돌로 만든 타임머신, 화석
- 03 패러데이 박사님, 전기가 뭐죠?
- 04 기체, 태양계로 드라이브 떠나다
- 05 투명인간이 알아야 할 빛에 관한 상식
- 06 자석과 전자석, 춘천가는 기차를 타다
- 07 식물 학교에 오세요
- 08 대체 열이 뭐야? 모닥불에서 태양열까지
- 09 태양계 행성들이 그리는 우주 지도

초등수학
- 01 덧셈 뺄셈, 꼼짝 마라!
- 02 분수, 넌 내 밥이야!
- 03 비·비율, 거기 섯!
- 04 도형, 놀이터로 나와!
- 05 쌓기나무, 널 쓰러뜨리리마!

이 책을 읽은 학부모님들의 찬사

학년과 상관 없이 두루두루 관련 내용이 있어서 사전 찾듯이 자주 읽혀진다. 한 단계 선행으로 읽어주면 좋겠다. 웬만한 전집에서의 주제별 책읽기보다 내용이 좋아 두루 챙겨 읽고 싶은 구성이다. -새천사맘

책 제목부터 호기심을 일으키고 이야기식으로 개념이 설명되어 있을 뿐만 아니라 적절한 삽화와 어우러져 이해의 폭을 한결 넓혀 주었다. 읽고 싶은 욕구가 자꾸 생긴다. -아이리스

해마다 학교 대표로 과학대회에 나가곤 했던 아이가 가장 막히는 부분이 이론이었다. 그런데 이 책을 읽으면서 과학, 특히 로봇 탐구 부분을 쉽게 이해할 수 있었다. 초·중학생들이 꼭 알아야 할 전기 이론이 너무나 쉽게 그림과 함께 설명되어 있어서 많은 도움을 받았다. -수민맘